U0747697

培训

杨键霖　韩　博　毕惠程◎著

赋能

中国纺织出版社有限公司

内 容 提 要

本书共八章。第一章，主要探讨如何对现代企业进行培训赋能，以及当前成功企业在这方面的先进案例。第二章到第八章是以培训管理过程为主线，分别阐释因需施教（设置培训项目）、先利其器（做好培训准备）、过程设计（控制培训过程）、效果强化（优化培训技能）、异常应对（规避培训过程干扰）、持续提升（培训效果评估）、品牌塑造（员工培训再升级）这七大内容。本书将遵循理论性和实用性相结合的原则进行具体的阐释，对培训过程中经常遇到的典型问题进行探讨；对于常用的培训方式、培训规划、培训流程等，也将给出可参考的、便于实际使用的方案，等等。这些内容对于企业有效展开培训工作都具有很强的指导作用，同时也具有很强的实际可操作性。

图书在版编目（CIP）数据

培训赋能 / 杨键霖，韩博，毕惠程著 . -- 北京：中国纺织出版社有限公司，2022.4

ISBN 978-7-5180-9310-6

Ⅰ.①培… Ⅱ.①杨… ②韩… ③毕… Ⅲ.①企业管理–职工培训 Ⅳ.①F272.92

中国版本图书馆CIP数据核字（2022）第013751号

策划编辑：史 岩　　责任编辑：于磊岚
责任校对：王惠莹　　责任印制：储志伟

中国纺织出版社有限公司出版发行
地址：北京市朝阳区百子湾东里 A407 号楼　邮政编码：100124
销售电话：010—67004422　传真：010—87155801
http://www.c-textilep.com
中国纺织出版社天猫旗舰店
官方微博 http://weibo.com/2119887771
天津千鹤文化传播有限公司印刷　各地新华书店经销
2022 年 4 月第 1 版第 1 次印刷
开本：710×1000　1/16　印张：11
字数：146 千字　定价：49.80 元

凡购本书，如有缺页、倒页、脱页，由本社图书营销中心调换

前　言

比尔·盖茨曾在其《未来时速》一书中描述道："在未来的10年中，企业的变化会超过它在过去50年的总变化。如果说20世纪80年代是注重质量的年代，90年代是注重再设计的年代，那么21世纪的前10年就是注重速度的时代。"这种高速变化对员工的成长速度和企业的人才培训能力都提出了更高的要求，而员工的个人成长与发展的需求同时也在挑战着现代企业的培训理念。

一个企业的培训理念决定了其所开展的培训活动能够培养出怎样的人才，能够创造出多大的价值。事实上，在过去的20年里，培训带来的价值意义，已然从过去的员工技能培养与提升，发展成人才保值、增值和企业保留人才等更为重要的内容。企业培训开始伴随企业的生存和竞争的整个过程。当企业需要提高经营业绩时，当企业需要提高自身的竞争力时，当企业引进了新的技术和工艺流程时，当员工需要技能提高时，企业都需要开展必要的培训活动。直白地说，企业需要以培训为关键手段为自己赋能，也就是要增强人员的凝聚力，提高人才的价值，强化市场竞争力，等等。

因此，如何组织有效的培训，增强企业人才优势，提高企业价值，帮助企业在激烈的市场竞争中取得胜利，这是企业所面临的重大课题。本书的策划便是基于这一核心要旨的考虑。

本书设置为八章。在第一章中，我们主要探讨如何对现代企业进行培训赋能，以及当前成功企业在这方面的先进案例。第二章到第八章是以培训管理过程为主线，分别阐释因需施教（设置培训项目）、先利其器（做好培训准备）、过程设计（控制培训过程）、效果强化（优化培训技法）、异常应对（规避培训过程干扰）、持续提高（培训效果评估）、塑造品牌（员工培训再升级）这七大内容。

在具体内容的设计上，本书将遵循理论性和实用性相结合的原则进行具体的阐释，对培训过程中经常遇到的典型问题进行探讨；对于常用的培训方式、培训规则、培训流程等，也将给出可参考的、便于实际使用的方案。这些内容对于企业有效展开培训工作都具有很强的指导作用，同时也具有很强的实际可操作性。当然，再好的理念如果不能进行实践，也不会产生价值。无数人才培训与成长的现实都在阐释一个道理：无论多么先进的体系或思想，都需要人们认真地学习、积极地实践，然后在实践中反思，在反思后再实践。而对于企业来说，这样的培训过程应该是一个可以按阶段细分、严加控制的过程，也是一个能够有条不紊、逐步晋级的过程。

衷心地希望本书能够为各企业和广大读者朋友提供一点助益。由于作者水平有限，书中难免会有不足之处，还请提出宝贵的意见和建议。

杨键霖

2021 年 11 月

目 录

CONTENTS

第一章　以优质培训增强人才优势，为企业高效赋能 / 1

一、优质人才是企业的竞争优势与市场战斗力之源 / 2

二、高频率的人才招聘，不如高质量的人才培训 / 7

三、以高效的培训，创造企业赋能之绝佳效果 / 11

四、赋能企业的基本逻辑与基本方法 / 15

第二章　因需施教：设置以人为本的员工培训项目 / 21

一、把握企业培训要素，设计全员性的培训项目 / 22

二、实现人岗匹配，平衡企业与个体的实际需求 / 30

三、厘清员工成长路径，设计阶段性员工培训计划 / 34

四、企业培训需求分析与员工培训需求调查的方法 / 39

第三章　先利其器：充分做好各项培训准备工作 / 45

一、思想准备：明确培训所能解决的问题 / 46

二、场地准备：安排合适的培训环境和工具 / 50

三、氛围准备：打造积极的学习氛围 / 54

四、主体准备：不同的人应做好不同的准备 / 57

五、课程准备：基于目标巧妙设计培训课程体系 / 61

第四章　过程设计：以完美的培训过程，确保培训的顺利推进 / 69

一、规划流畅的培训实施过程，力求环环相扣 / 70

二、基于两大角色特征，做好培训重点环节控制 / 74

三、开展交互式培训，打造积极愉悦的培训氛围 / 79

四、培训尾声：回顾与总结，固化并加深培训认知 / 84

第五章　效果强化：培训技法多样化，优化培训接受效果 / 89

一、学习方式集成化，选取最优培训模式 / 90

二、培训技法灵活化，激发员工的学习热情 / 95

三、强化体验式培训，加深培训内容认知 / 100

四、推动培训效果的落地转化，实现知行合一 / 105

第六章　异常应对：以一套规范的程序，全力规避培训干扰 / 107

一、设计培训规程，实现培训规范化 / 108

二、设定培训节奏，保障培训的有序性 / 114

三、针对现场干扰，采取有效的应对措施 / 118

第七章　持续提高：客观评估培训效果，推动能力晋级 / 121

一、实施培训效果评估，及时掌握培训效果 / 122

二、针对非预期的培训效果，分析培训效果不佳的根源 / 127

三、让培训效果与绩效薪酬挂钩，强化员工培训参与度 / 131

四、建立员工素质档案，设计持续培训计划 / 135

第八章 塑造品牌：让企业培训全面提高企业品牌力 / 141

一、培育独特文化，打造一所有灵魂的企业大学 / 142

二、远离人才断层，为企业持续培养核心预备队 / 148

三、提供快速培训，帮助企业提高快速反应力 / 155

四、拓宽品牌覆盖范围，助力友企的人才培养 / 159

参考资料 / 165

第一章

以优质培训增强人才优势，为企业高效赋能

所谓企业培训，一般是指企业或针对企业进行的一种以提高员工素质、能力、工作绩效和企业贡献为目的的有计划、有系统的培养和训练活动。在世界范围内观察，我们可以发现，但凡是有较大规模和影响力的企业几乎都有一套属于自己的、成熟的、系统的培训体系。这些需要投入不少人力、物力、财力和时间的企业培训系统，虽然并不能直接转化为生产力为企业创造利润，但却能从根本上打造一家企业生产和竞争的核心力量——人才优势。

在被誉为"人才世纪"的21世纪里，通过优质的企业培训为企业增强人才优势，为企业高效赋能，已然成为世界知名企业的共识。

一、优质人才是企业的竞争优势与市场战斗力之源

腾讯2019年一季报显示，截至2019年3月31日，腾讯公司总酬金成本高达116.16亿元，人均月薪高达7.09万元。而二季度的数据显示，腾讯员工的平均月薪继续上涨，高达7.27万元。中国顶尖公司在人才招揽和培养上的大手笔投资，昭示了优质人才对企业发展的重要作用。

其实早在20世纪末，就有人提出"21世纪是人力资本的世纪"。而对于企业管理来说，"人力资本"可以大体转换为一个更加通俗、常用的词——"人才"。

1. 人才是企业最重要的生产力和竞争力

对于任何一家企业来说，优质的人才都是当之无愧的最重要的生产力和竞争力。美国微软公司联合创始人比尔·盖茨就曾经说过："如果把我们最优秀的20名员工拿走，微软将变得什么也不是。"通用汽车公司前总裁史龙·亚佛德也曾表示过："你可以拿走我全部的资产，但是只要你能把我的组织人员留下来给我，五年内我就能够把所有失去的资产赚回来。"

任何一家企业想要在市场上立足，企业的核心竞争力和组织能力都是其必不可少的基本能力。对于企业来说，其最核心的竞争力通常是一种具有领先地位的技术能力，它能保证拥有该技术的企业所设计、生产出来的产品和提供的服务在市场上占据优势。而企业的组织能力则是指企业用其独特的方式向客户交付产品和实施服务的能力。对于企业的落地和发展，这两种能力缺一不可，而这两种能力的关键因素又都离不开人，离不开优质的人才。

甚至可以毫不夸张地说，优质的人才往往就是企业最重要的生产力和竞争力。有调查表明，在一家企业中，有将近80%的产值是由20%左右的核心人才创造的。

在许多苹果产品的追捧者眼里，离开了乔布斯的苹果产品失去了不少魅

力，甚至少了些灵魂。作为苹果的创始人，乔布斯带领苹果公司经历了几十年的起落兴衰，并先后领导和推出了麦金塔计算机（Macintosh）、iMac、iPod、iPhone、iPad等风靡全球的电子产品，进而深刻改变了现代的通信、娱乐和生活方式，也因此被"果粉"们誉为"苹果教父"。随着乔布斯的离去，对苹果公司未来发展前景的担忧之声频频出现。事实上，这种忧虑不无道理。毕竟乔布斯惊人的创意曾是苹果公司几乎所有产品背后的灵魂。并且，早期苹果公司曾一度"抛弃"乔布斯，那个时期它也的确陷入过严重危机，印证过乔布斯之于苹果的绝对作用。乔布斯就是这家超越过可口可乐、谷歌而被评为"全球最佳品牌"的美国苹果公司最重要的生产力。

作为国内最具技术能力和创新能力的企业之一，华为的快速发展也离不开其对人才的重视。一方面，招揽和培养科技人才是华为保证持续发展和取得行业领先地位的基石。截至2016年，华为公司的研发投入已经高达92亿美元（约630亿元人民币），超过苹果、思科等国际巨头企业，在全球研发投入排行榜上位列第九，跻身全球研发投入排名前十。2019年，华为更是抛出百万元年薪招揽顶尖青年人才。另一方面，对于公司其他部门的人力管理，华为也采取任人唯"才"的办法。在华为的发展史上，1996年是关键的一年。从这一年开始，华为开始了对国际市场的拓展；也是在这一年，华为开始了大规模的人力资源体系建设。1996年1月，华为市场部发生了集体辞职事件。华为要求市场部从市场部总裁到各个区域办事处主任在内的所有正职干部提交两份报告：一份述职报告，一份辞职报告。并且所有提交了报告的岗位全部通过答辩方式进行竞聘，公司根据每位干部的表现、发展潜力以及该名干部和公司发展需要的契合度进行评估，最终决定是否批准其述职报告或者辞职报告。在这次著名的"市场部大辞职"竞聘考核中，最终有大约30%的干部被替换。从内地走向国际，华为公司发展史上这重要的一年是从公司内部人才整合开始的，也由此奠定了华为至今快速、持续、稳步发展的基础。

从巨头企业的发展历程中，我们能清晰地看到优质领导性人才对于企业发展的重要基石作用。当然，企业还需要各个不同层次、不同岗位的、有针对性的基础人才。甚至在有些情况下，基础人才在企业发展中所发挥的作用并不一定小于领导性人才。除了卓有能力的领导者，企业同样还需要卓有效率的执行者。

以消费者最熟悉的服务业为例。改革开放后，"顾客就是上帝"的理念被中国服务业广泛推崇，各类服务业的服务标准都越来越高。不论线上、线下，消费者选择任何一家店消费，都不难遇到周到、热情的服务人员。但如果你能看到顾客给出的差评或接触到对服务有意见的顾客，你会发现，除了产品本身可能存在的问题，顾客最经常给出差评的原因是"服务人员不能快速有效地解决问题"。任何产品和服务都不能保证不出一点问题，因此对于直面顾客的员工，如何处理问题成了区分"人才"与"非人才"的关键。

以优质服务著称的海底捞员工在这一点上就做得很好。在被称为好到"变态"的海底捞服务中，大多体现在海底捞员工解决问题的能力上。比如，菜品不好，服务人员能马上决定换菜、送菜；顾客需要的东西店内没有，服务员能做主到外面替顾客购买；对服务或结账金额有异议，基层服务员同样能决定抹零甚至免单。在海底捞就餐遇到的绝大部分问题，顾客都能在提出问题的第一时间里得到反馈和解决。在其他很多餐厅里，遇到一个小问题就需要层层上报，甚至直到客户要结账离开时也未能得到解决，相比之下，海底捞的基层服务人员为海底捞品牌赢得了太多分数。

而更有借鉴价值的是，海底捞的这种服务模式是可学习、可培训、可复制的。海底捞在制度上赋予了服务员共八项权利：抹零、换菜、退菜、送菜、送礼物、打折、免单、代替就餐顾客外出买店内没有的物品。然后通过培训统一员工的"送"文化价值，教会自己的员工"何时送、如何送、送了之后如何做"等问题，从而保证"送，能送出感情；免，要免出价值"。

海底捞的人才培养案例同时说明，除了招聘，有些时候高质量的人才培养能让企业收获更有效、也更符合企业自身需求的优质人才。

2. 企业需要学会甄别人才

既然人才是企业最重要的生产力和竞争力，那么甄别什么是企业需要的优质人才就显得格外重要。

一般来说，企业人才是指具有一定的专业知识或专门技能，能够胜任企业中具体岗位，能够进行创造性劳动并能对企业发展做出贡献的人。这类人也往往是企业人力资源中能力和素质较高的员工。

（1）企业人才的基本类型

针对企业不同部门、不同岗位的要求，企业人才通常包含决策型人才、管理型人才、公共关系型人才、技术型人才四大类。

第一类：决策型人才主要指领导层中能力和素质杰出的人员，他们能够统揽全局，在企业发展、战略决策等方面发挥着重大作用。决策型人才需要有较高的创新能力和判断能力，能够站在当下与未来，从微观与宏观等多角度看待和处理问题，为企业的发展掌舵。

第二类：管理型人才往往是高层管理者中的杰出者，这类人才具有丰富的知识和社会经验，有较强的组织能力和交际能力，是企业管理中的重要纽带。企业决策需要通过管理型人才的组织、实施和推动得到真正的落实。这类人才也往往具有决策型人才的潜质。

第三类：公共关系型人才主要负责协调企业的对外关系。这类人才所需的综合素质较高，要有一定的公共关系知识和技能，并且还应具有敏锐的观察力、判断力，能够进行高效的宣传、鼓动和感召。并且因其直接与企业外部交流，所以常常代表着企业形象。对这类人才的培养、培训也应引起企业的重视。

在企业的经营实践中，以上三类人才也常常集合为一体。例如，有些企业的领导就同时担负着企业发展方向的决策、企业生产运营的管理，以及一部分对外联系的职能。但是，这三类人才的能力特点及其所要担负的主要任务本身仍是各有侧重、互有区别的。

第四类：技术型人才是指掌握一定的技术资本，由此为企业获取利润的人才。在所列举的几种人才类型中，技术型人才虽然是所需能力最单纯的一种，但在企业人力资源管理中，技术型人才是比较难以管理的人才类型。

一方面，技术型人才具有稀缺性，想要招揽到有真才实学的技术型人才需要花费企业较大的精力和财力；另一方面，技术型人才往往具有较强的自主性和独立性，如何协调技术型人才对于技术、专业的执着与企业追求市场价值之间的矛盾，是企业管理技术型人才的关键。同时，技术型人才的个人发展往往对企业发展的依赖性较小，所以具有较高的流动意愿，这就给企业的人才投资带来了较大的风险。

（2）企业人才应具备的其他共性特征

以上对于人才的分类方法，更侧重于专业能力上的区分。而对于企业来说，所需要的人才在分别具有以上专业能力的基础上，还必须拥有健全的人格、较强的创新性、主动发展的精神、较高的企业忠诚度等共性。

健全的人格是企业在甄别人才时必须优先考虑的。一个没有原则底线、不能明辨是非，或者缺乏责任心和职业操守的有才之士对企业的发展是弊大于利的。较强的创新性也是当代企业人才必须具备的品质。在今天这个快速发展、强调创新创意的市场环境中，墨守成规、缺乏创意的人是难以为企业的持续发展贡献力量的。主动发展的精神，是企业在甄别人才时常常忽视的特性。只有拥有主动发展精神的人才，才能推动企业发展。另外，较高的企业忠诚度也是企业在培养人才时要格外重视的因素。只有有较高的企业忠诚度，人才与企业才能实现持续的共同发展，企业培养的人才才能真正长久地为企业发展贡献力量。

二、高频率的人才招聘，不如高质量的人才培训

人才缺口几乎是每个在发展中的企业都会遇到的问题。为了弥补人才缺口，许多企业首先想到的就是最直接也最简单的办法——招聘。在一些情况下，"多快好省"的招聘的确能帮助企业解决一时的人才缺口。但面对企业发展中持续的、长期的人才缺口，高频率的人才招聘，往往不如高质量的人才培训效果好。

1. 高质量的人才培训有助于解决持续的人才缺口

招聘在解决企业人才缺口问题时的确有很多优点，比如简单、快速，能给企业带来新鲜的血液，招揽来成熟的人才不需要企业花费过多的培养成本，等等。因此，许多企业都为能够招聘来更合适的人才而绞尽脑汁。

比如美国英特尔公司，在采用自家网站刊登招聘启事、委聘猎头公司物色人选等多渠道招聘人才的同时，还格外重视员工推荐。一旦员工推荐来了优秀的人才，推荐人也会收到企业发放的奖金；而如果被发现出于私心向公司推荐了不合适的人，推荐人也要受到一定的处罚。又比如日本的索尼公司，为了获得更适合相应岗位的人才，不仅面向社会招聘，还会在每周出版一次的企业内部小报上刊登部门招聘广告，企业的所有在职员工都可以私下前往应聘，员工上司不得阻挠。

请目标人才吃饭，为优质人才提供破格待遇，全世界的公司都在为招揽优质人才费尽心思。但有效的招聘应当是有针对性的招聘、有节制的招聘。

一般来说，如果企业想要通过招聘获得成熟的高质量人才，就需要付出更有竞争力的高额薪酬，而企业的人才需求过于依赖招聘这种方式，无疑会给企业造成人力成本过高的负担。另外，吸引来的人才如果不能留住，势必会造成高频率的企业招聘，而一旦这种情况发生，企业的人力资源就会处在动荡之中，就会给企业的持续发展造成致命的影响。

　　同时，企业对于人才的需求必然是长期的，而招聘解决的往往只是短期的人才缺失问题。过于依赖招聘，不仅很难让企业的人才需求得到有效、持续的满足，还极有可能让企业在发展的关键时期遭遇人才断层，直接影响企业的发展进度。

　　因此，企业应当同时重视招聘和培训两条人才补充途径，并且意识到只有高质量的人才培训才能解决企业持续的人才缺口问题。

2. 高质量的人才培训在提供有效人才方面为企业赋能

（1）两种常见的人才问题现象

　　在企业的人力资源管理过程中，有两种现象是经常遇到的。

　　第一种现象：企业招聘的新员工入职后不能在岗位上发挥出预期的作用。按理说，能够通过企业的层层招聘选拔最终进入企业的人，都是在最初被企业甄别为人才的。但很多公司在实践中却发现，许多符合企业招聘要求的各项指标、也通过了面试的员工，在进入公司后，却不能创造出企业预期的价值。

　　第二种现象：很多企业管理者都曾抱怨老员工"倚老卖老"，工作积极性和效率低下。一些员工进入企业，在经过一段时间的磨合后，工作能力和效率快速提高，表现令人满意。但是，再过一段时间，当这些员工成为"老员工"后，他们的工作效率不仅没有进一步提高，其工作热情和工作效率反而开始变得大不如前，甚至比不过新进公司、经验不足的新员工。有些公司疲于应付此类问题，只能不停地用新人替换掉已经熟悉工作内容、流程和企业环境的老员工。而这种处理方式显然不是长期有效的人力资源管理方式。

　　其实，这两种现象所涉及的员工大多仍是能够为企业发展贡献力量的人才，但在具体的工作中，他们却有可能不是企业或岗位所需要的"有效"人才。

（2）有效人才与高质量的人才培训

所谓有效人才，不仅要求员工具有人才的特性，即具有一定的专业知识或专门技能，能进行创造性劳动，有为公司发展贡献力量的潜质，而且要求员工要与所处的企业、所承担的工作高度契合，并且能够保持持续输出的热情，为企业的长久发展贡献力量。而企业想要获得有效人才，最好的解决办法一定不是反复、高频率地针对同一岗位进行招聘，而是用高质量的人才培训为企业赋能。

通过高质量的人才培训，能帮助公司的人力资源管理解决三大问题：一是新员工对工作内容的熟悉、掌握，解决新晋人才与岗位的匹配度问题；二是帮助全体员工融入企业文化环境，让人才成为有企业属性的人才；三是激励老员工保持持续输出的热情，增强企业人才的使用率，让人才持续为企业发展提供能量。

对于企业来说，招揽人才是难题，而招揽来的人才如果不能有效使用，那么企业的所有人才投资都成了浪费。要想让企业的人才投资物有所值，企业就不能只关注"人才"，而更要重视通过高质量的人才培训为企业量身培养"有效人才"。

3.高质量的人才培训有助于企业留住人才

高薪招来了人才，用心培养成了有效人才，结果员工却在企业发展的关键期选择了跳槽，那企业的损失可就大了，不仅之前所有的投资和付出都成了竹篮打水一场空，甚至还可能会影响企业关键项目的运行。

在培训过程中，我接触过很多企业管理者，最让他们头疼的人力资源管理问题往往就是如何留住人才。

曾在华为负责人力资源管理工作的汤圣平就曾经讲过这样一个故事。2000年的某一天，在华为杭州办事处的传输产品部办公室里，电话铃声不断响起，一通电话刚结束，另一通电话又打了进来，从办公室的第一排第一座开始，一个个电话一直持续到最后一排最后一座。如此有规律的奇怪电话引起了汤圣平的注意。果然，这些电话并不是华为的客户打来的，也不是华为其他部门打来沟通工作的，而是来自某一家猎头公司。电话的主题只有一个——为另一家大型公司挖传输人才。

如今的就业环境与2000年更是不可同日而语，几乎各种类型的企业都面临着严峻的人才竞争压力，而就业者也发生了巨大变化。新一代的就业者以"90后"甚至"00后"为主体，他们的就业观念相比过去已经发生了很大变化，把某家企业作为自己终身职业寄托的想法在这一代人里几乎已经不存在，辞职、跳槽不再是他们职业发展中的"意外"，而是一种"常态"。三年、两年，甚至一年的工作时间都足以让这些员工成为企业里的"老员工"。而工作内容、工作环境、人际交往等各方面不如意的情况都有可能让其选择离职。

对于当代求职人才来说，求职机会选择众多，个人的职业发展也不一定要寄托于一家企业，因此员工对待企业和具体工作常常只是抱着"打工挣钱"的心态，这直接导致了员工工作懈怠、轻易跳槽等问题的频繁出现。而这些问题对于一家企业的长期发展是很不利的。

想要留住企业中的人才，最直接的办法是高薪。但是高薪不仅会增加企业人力资源成本，更重要的是无法真正解决问题，因为通过高薪留住的人才同样容易被更高的薪水吸引而离开。

因此要想真正解决这类问题，还是要靠高质量的人才培训。通过有针对性的人才培训，企业可以与员工达成共识，向员工传输企业文化，表达对员工的尊重和关怀，发掘员工的职业潜力并且与员工共同制订成长发展计划。

通过培训，人才与企业之间的黏性会得到增加。对于员工，企业展现的不再只有酬劳这冷冰冰的一面，员工能看到自己的付出被赋予的价值意义。在柔性的牵绊之下，员工更容易保持持续的工作热情，也更愿意选择留在企业。

三、以高效的培训，创造企业赋能之绝佳效果

对于企业来说，高效高质量的人才培训就相当于为企业量身定做的加油站。经过这所加油站的赋能，企业的员工能有更强大的凝聚力、更高的工作能力、更持续的工作热情以及更高的企业忠诚度。

具体来说，高效高质量的人才培训的作用主要表现在以下三个方面：增强员工归属感，打造超一般的企业凝聚力；在人才保值的基础上实现人才增值；打造突出的人才优势，赋能企业市场竞争力。

1. 增强员工归属感，打造超一般的企业凝聚力

只有一家有凝聚力的企业才能在商业战场上打硬仗、打胜仗。而员工对企业的归属感正是企业凝聚力的来源。

所谓员工归属感是指员工在某家企业经历了一定时间的工作后，在思想、心理、情感等方面对企业产生了安全感、信任感、荣誉感和使命感等多方面的心理认同。这种归属感会对员工的行为产生发自内心的主动约束力，激发员工对企业的强烈责任感，并有效调动员工自我的内部驱动力，进而激发员工的工作热情和对企业的忠诚度。

（1）为员工创造出归属感的方法

企业想要为员工创造出归属感，需要在物质和精神两个方面共同努力。物质方面强调公平和制度健全，企业要有公平健全的薪酬、福利、管理、考核、晋升等制度；而精神方面所包括的更加广泛，比如企业应有明确的企业精神、价值观，良好的人际关系，有创造力的工作氛围等。这两个方面共同构成了一家企业的企业文化。

但仅有良好的企业文化仍然不够，想要让员工有归属感，还必须在企业与员工之间建立良好的沟通。想让作为个体的员工对作为整体的企业产生安全感、信任感、荣誉感和使命感，就必须让两者的意识和利益达到统一，让

企业的精神被传达，也让员工的声音被倾听，在此基础上二者的利益才能达成一致。

而高质量的人才培训则能有效架起这座企业与员工之间的沟通桥梁。因此，一个成熟完善的企业文化之中必须有高质量的人才培训。

（2）人才培训与企业文化培训

一般来说，人才培训中的企业文化培训部分，内容涉及企业环境、企业制度、企业产品及服务、企业经营理念、企业发展战略、企业精神等多个方面。

其中，企业环境、企业制度、企业产品及服务内容以介绍为主，其目的在于让受训人全方位了解、熟悉企业，帮助员工对企业产生亲近感，在此基础上建立起员工对企业的信任感和安全感等基础情感认同。而其中对于企业经营理念、企业发展战略、企业精神等更高层次企业形象的介绍，则要以让员工了解企业的价值观、认识到企业能够带给员工的发展前景为目的，以激发受训者的荣誉感、使命感等更高层次的认同感受。

另外，素质拓展训练中团体合作克服困难、帮助员工认识团队作用、增强集体信任感等，也是加强员工的企业归属感的有效方式。

在这些培训中，员工不断加深对企业的了解、对企业团队的熟悉，不断明晰企业的价值观和奋斗目标，企业的文化精神在个体的员工那里得到内化，从而不断加强员工对自我工作行为的内在约束力，大幅提高了员工对企业的归属感，为企业创造出超强的凝聚力奠定了基础。

2. 在人才保值的基础上实现人才增值

既然名为"人才培训"，其最显著的作用自然是通过挖掘人才的价值，为企业的绩效产出水平赋能。

（1）人才培训与人才保值、人才增值

具体来说，人才培训有两方面作用，一方面是人才保值，另一方面是人才增值。

所谓人才保值，是让本身就有较大价值，其才能本身就能够满足企业需要的人才持续地为企业发挥价值。

海尔的创建者，海尔集团董事局主席、首席执行官张瑞敏曾在海尔的发展过程中，提出过名为"斜坡球体论"的管理理论。"斜坡球体论"认为企业在市场上所处的位置就如同斜坡上的一个球体，它受到来自市场竞争和内部员工惰性而形成的压力，如果没有止动力，球体（即企业）就会下滑。因此企业（球体）要想在市场（斜坡）上保持一定的位置不被淘汰，就要不断强化企业的内部动力。

高质量的人才培训就能起到为球体（企业）止动的作用。通过有针对性的培训（包括企业文化培训、职业生涯规划培训等）为企业骨干员工持续赋能，帮助企业的原有人才实现保值。而人才培训更大的作用在于它能令企业的储备人才实现增值。

（2）实现人才保值与增值的五类培训

实现人才保值与增值的培训主要有五类：应岗培训、提高培训、发展培训、人文培训和拓展培训。

第一类：应岗培训也称岗位培训，培训内容是企业中具体岗位所要求具备的专业知识、技能、工作流程等，其目的在于增加在岗员工的业务知识，改善其服务态度以及提高其专业技能。受训者通常为新入职员工。

第二类：提高培训在一定程度上与应岗培训类似，往往也是针对企业中具体岗位的工作内容，但在能力要求上与应岗培训要求不同。提高培训以提高岗位业绩为目标，因此与应岗培训"侧重岗位基本要求"不同，提高培训是要挖掘岗位的深层次需要或追求更高效的技术能力。此类培训针对的通常为在岗位上已经工作了一段时间，有进一步提高能力需求的老员工。

以上两类培训均针对具体的工作内容，其共同特点是针对性强、见效快，干什么学什么，学什么马上就能用什么；常采用短期培训班或系列讲座的培训形式；培训者往往以企业内岗位经验丰富的老员工或行业内经验丰富的权威人士最为适合。

第三类：发展培训也称职业生涯规划培训，是针对企业发展需求和员工自身的性格特征、专业技能和兴趣爱好等个人特点对员工进行职业生涯规划方面的培训。一般来说，通过培训能帮助员工在业务管理、专业技术和操作技能三个方向中找到适合自身发展的职业方向，并可结合企业的发展情况和规划等，为员工制订出针对职业发展的定位、目标和职业发展通道等问题的解决方案，帮助其做出具体的职业规划。

参加发展培训的受训者通常是企业中有培养价值的骨干员工，培训者则通常是企业中的领导或专业的职业规划培训师。发展培训既能帮助企业的人才认清自己的职业发展路径，更好地为自己的职业发展储备力量，也能帮助企业识别人才，为企业做好储备人才归类和培养奠定基础。

第四类：人文培训所包含的内容相对广泛一些，既包括各类人文素质培训，也包括企业文化培训。其中，人文素质培训的内容根据企业需要不一而足，而企业文化培训则主要包括企业理念文化、制度文化、行为文化和物质文化这四个方面的内容。

第五类：拓展培训通常采用户外体验式培训模式，让员工在轻松有趣的活动体验中直接参与学习，让员工在特定环境中进行发现、思考和体悟，进而对自己的工作、团队、企业产生新的认识和定位，并将培训中的所得所悟应用到实际工作中去，以取得更好的工作效果。

3.打造突出的人才优势，赋能企业市场竞争力

对于企业来说，长期发展过程中积累下来的"自有"人才资源是格外宝贵的财富。相比于高学历、高能力的"外来"人才，"自有"人才往往更熟悉企业的企业文化、发展路径和运营方式，在具体的工作过程中不需要与企业磨合，人才投资的风险也更低。

不过于迷信引进人才，而是主动通过学习、培训为企业既有人才赋能，打造突出的人才优势，提高企业市场竞争力，是几乎所有优秀企业的共识。

在世界范围内，很多公司的快速发展都得益于有效的企业培训体系。柏克德公司创建于1898年，是美国一家具有百年历史的综合性工程公司。为培养企业内部人才，柏克德在公司内部设有针对各个层次员工的多个训练机构，并在总公司设立了规模巨大的"管理人员训练中心"。在柏克德，企业人才培训与员工晋升紧密结合，充分发挥了人才培训对企业人才缺口的补充作用。首先，公司会从20000名管理人员和工程师中，选择5000人作为工长、车间主任等基层领导候选人，在经过40小时训练后，最终确定基层领导人员。之后，公司又会从基层领导中选拔1100人参加"管理工作基础"的训练和考核，进而甄别出600人左右的优秀人选再给予专业训练，使他们能够承担销售经理、供应经理等专业经理的职务。最后，公司又会从这些专业经理中挑选300人进行训练，以补充包括各分公司的总经理、副总经理等市场经理的空缺岗位。完善、系统、体制化的企业培训体系有效解决了柏克德的人才缺口问题，同时经由培训所获得的高质量且与岗位高度匹配的优质人才为柏克德的快速发展做出了大量贡献。

在当下激烈的市场竞争环境中，企业想要长久立于不败之地，就要主动通过不断地培训让原有人才保值甚至升值，并且在企业内部形成良好的文化学习氛围。只有通过培训打造企业突出的人才优势，为企业赋能，提高其市场竞争力，才能让企业在当下复杂的商业环境中存活和发展。

四、赋能企业的基本逻辑与基本方法

在现代企业的经营管理中，优质的企业培训是必不可少的重要环节，它是促进员工个人职业素养、能力提高的有效活动，更是推动企业持续发展的有效手段。许多企业在认识到这一点后便在企业内部积极展开培训，但投入了大量的资源和时间，最终却收效甚微。这主要是由于很多企业盲目地认为企业培训就是组织员工上课，陷入了企业培训的误区，所以难以收获预期的培训效果。事实上，对企业来说，想要通过人才培训为企业赋能，首先要掌握企业培训的基本逻辑与基本方法。

1. 通过培训赋能企业的基本逻辑

企业培训在企业发展中承担着人才培养的重要作用，企业培训是一个相对复杂的系统化智力投资。成功的企业培训需要由企业投入人力、物力、财力，从而使员工实现增值、企业人力资本得到提升、销售业绩得到提高、企业获得更高的利润。

从投资与收益的角度来说，企业培训的效益是受训者回到工作岗位后所带来的超额效益，这是一个相对长期而复杂的过程。想要收到理想的培训效益，就要保证培训内容的个性化和多样化、培训方式的恰当性、培训时机的合理性，并对员工在培训过程中的吸收、运用情况进行有效跟踪，这就要求企业在进行人才培训之前就对培训的全过程进行严谨的设计与计划。

一个完整的企业人才培训计划要包括明确的人才培养目标与标准、健全的人才培养制度与管理机制、适当的培训激励措施等多个方面。

制订企业人才培训计划时，首先要明确人才培养的目标与标准。在这一阶段，要对企业的现状及目标受训者的个人工作特质进行测评，确定企业发展的需求以及目标受训者需要提高和改变的短板，进而确定企业人才培训的目标与标准。这一阶段是企业进行人才培训的基础和前提，既通过培训目标与标准指明了培训的内容和方向，也能帮助受训者认识到自己存在的问题，从而将培训从企业的强制性行为转变为受训者的主动性行为。

制订企业人才培训计划时，还要根据已确定的培训目标和标准，建立健全企业人才培养的制度和管理机制，以形成高效的企业人才培养体系。一般来说，企业人才培养制度包括明晰的人才测评和评估制度、人才培训实施制度、人才考核和晋升制度等。

最后，制订企业人才培训计划时，一定不能缺漏适当的培训激励措施。在人才培训过程中，只有不断激发员工参与培训的动力，才能让培训获得事半功倍的效果。

企业的人才培训是一个长期、复杂甚至庞大的系统工程，必须进行长远思考和系统规划。

2. 通过培训赋能企业的基本方法

企业人才培训的方法有很多，相对传统的方法包括课堂演讲法、主题探讨法、咨询式培训法、操作示范法等；相对新颖的方法包括线上培训法、体验式培训法等。

（1）课堂演讲法

课堂演讲法是大家最熟悉的培训方法，也是企业人才培训中最传统的授课方法。它是指根据企业需求，围绕具体的培训目的或主题，结合企业的具体情况，以开设讲座的形式面向员工传授某个单一课题内容的培训方法。课堂演讲法的优点是对于参与培训的人数来说容量大；能快速解决企业的具体问题，更具针对性。但该方法对受训者接受度的要求较高，并且难以让受训人员主动参与培训。所以这类方法一般适用于企业政策、制度的介绍或专业技术、技能的培训。

（2）主题探讨法

主题探讨法是指针对某一案例、专题等相对复杂又有代表性的问题进行沟通、讨论的培训方法。使用主题探讨法要严格限制参与培训的人数，一般一组在20人以内为宜。这种方法能让参与者主动参与到培训中来，激发受训者主动思考、主动学习，但该方法对培训者的要求较高。活动过程中应有一名或多名培训者对小组讨论进行把控，既要激发受训者的参与积极性，还要适当引导各成员进行意见归纳总结，并最终达成一致，形成方案。主题探讨法因为所讨论的主题一般都有一定的难度和重要性，所以通常适用于对管理人员的培训。

（3）咨询式培训法

咨询式培训法重在咨询而非培训，是指培训者根据受训者提出的具体问题进行有针对性的回答。在采用咨询式培训法时，往往培训内容事先并不明确，所以这类培训既是一个发现问题的过程也是一个解决问题的过程。咨询式培训法对培训者的要求很高，培训者必须是企业管理方面的专家，能够全面深入地发现企业的问题所在，并给出具有针对性的系统培训方案。许多企业在管理方面的培训正在逐渐采用这类方法，虽然这种培训方法的难度较大，但培训收益也往往超过传统培训方法。

（4）操作示范法

操作示范法常为企业的技能培训所采用，是企业职前实务训练中广泛使用的培训方法。它一般由企业内或行业内的技术能手担任培训者，通过现场或视频的形式向受训者讲授技能操作的具体方法或经验。企业中常说的"以老带新"就属于这类培训方法。

（5）线上培训法

线上培训法在本质上与传统培训法差别不大，其优点在于其便捷性。采用线上培训法能够最大限度地摆脱时间、空间对企业人才培训的限制，让受训者随时随地接受培训，但也往往最大限度地割裂了培训者与受训者的关系，培训者难以针对受训者的问题做出即时反馈，互动性很弱，因此常常让培训效果大打折扣。

（6）体验式培训法

体验式培训法是近年来企业接受度较高的培训方法。相对于传统培训而言，这种培训方法更注重受训者的实际体验和参与过程。体验式培训以解决个人或团队问题为目的，培训内容多种多样，比如肢体上的挑战、游戏、仿真练习、组织练习以及有指引的冥想等。在体验式培训中，培训者与受训者之间的不对称关系几乎被取消，双方都成为体验活动的参与者。培训过程中受训者是自己学习的负责人，因此更能激发学员进行主动学习和自主思考。

通常一个完整的体验式培训包括体验、分享、交流、整合和应用五个环节。在体验环节，受训者在培训者的要求、引导下，以观察、行动和表达的方式参与设计好的活动。"体验"是整个培训过程中最重要的基础。体验活动的具体内容要根据企业培训的需求进行精心设计。在整场培训中，体验所占的时间也往往是最长的。当体验过程结束后，培训者要引导受训者分享他们的观察结果或活动感受，并进行交流。之后，培训者要进一步引导受训者将交流的结果进行归纳总结，并逐渐达成一致，形成对体验的清晰认知和感悟。最后，培训者要引导受训者将体验与实际工作相结合，将体验培训的感悟融入工作的实践中去，以达到培训的真正目的。

第二章

因需施教：设置以人为本的
员工培训项目

谈到培训，很多人脑海中浮现的画面往往是大量员工在同一封闭空间内一起上课的情景。但这一印象不仅简单化了企业培训的模式和方法，更忽视了企业培训重要的个性化特点——企业培训应当因需施教，设置以人为本的员工培训项目。

"从众"是企业在进行培训时最容易陷入的误区。别的企业组织员工培训，所以自己的企业也要组织员工培训；别的企业培训什么样的内容，自己的企业也要培训什么样的内容……在不了解企业培训的目的和企业实际所需时，模仿和复制是企业培训最常采用的办法，但这样的培训方式往往难以收获满意的培训效果。

因此，"明确培训的目的"是企业培训的基础和前提。一般来说，培训的目的有两个方面：满足企业的培训需求和满足员工的培训需求。所以对于企业培训的实施者来说，在决定培训之初就要努力走出企业培训的从众误区，运用科学的需求调查和分析方法，掌握企业与员工的培训需要，进而明确本次企业培训的目的，然后制订有针对性的培训方案，为成功开展企业培训打下基础。

一、把握企业培训要素，设计全员性的培训项目

企业培训在实现人才培养、打造企业竞争力等方面发挥着重要作用，但如果企业培训流于形式，对企业发展的作用就会非常微小。

同样的付出、甚至相似的培训形式和内容，在不同的企业中起到的作用却大相径庭。究其原因，就是因为许多企业在进行企业培训时，陷入了从众的培训误区，没有从企业发展的全局和员工的需求等多角度全面设计全员性的培训项目。

1.明确企业培训要素，重视专业的培训队伍

想要跳出企业培训的从众误区，企业首先要对企业培训的各要素有清晰的认识。一般来说，企业培训包含四大基本要素——学员、制度、课程和讲师。

（1）基本要素之一：学员

企业培训的学员是指具体参与企业培训的企业人员，作为企业培训的目标受众，他们的需求直接决定了企业培训的方向和内容，而他们在企业培训中的参与程度则直接决定了企业培训的效果。可以说，对学员这一群体情况的了解是否清晰、准确，将直接决定企业培训的成败。

企业培训过程中对于学员情况的掌握应当包括对员工需求的了解、对员工心理的掌握和对员工培训效果的及时反馈。事实上，想要深入了解员工的多方面情况，需要企业在内部建立长期有效的员工管理机制，这样才能在企业培训前取得培训对象的精准信息。

以联想集团为例，新员工在进入联想后都会由一名资深员工担任其指导人，指导人就是新员工与企业的沟通桥梁，能快速有效地密切双方关系，让员工更快地适应企业需求，同时也能让企业从更深的层面上随时掌握员工的情况。同时，联想集团还会针对员工的工作意向展开积极调整。比如，联想集团允许工作一段时间后对本岗位感觉不适应的员工在特定范围内实现部门

内甚至部门间的调岗；在同一岗位工作两年以上的员工则可以进行轮岗或参与企业内部其他岗位的竞聘。联想集团这种对待员工的相对开放的态度，不仅没有造成员工的流失，反而密切了员工与企业的关系，让企业能随时掌握员工的真实工作意向和专长。

只有深入、真实地了解员工的各项基本情况，企业才能在计划和实施企业培训时做到有的放矢，达到事半功倍的效果。

（2）基本要素之二：制度

企业培训的制度是指将企业培训的计划、要求、实施步骤等方面形成规范、严谨的规章制度。企业培训制度通常包括培训计划、培训管理办法、工作流程、培训评估办法及内部讲师制度等。健全、有效力的企业培训制度是实现良好企业培训的基础。

由于不同企业的具体情况不同，因此企业的培训制度也都有所区别。但是，任何一个良好的企业培训制度都要做到与企业的发展战略相契合，制度要健全、透明，要与员工晋升或奖罚制度相结合。

对于企业来说，有效的企业培训制度一定不是一劳永逸的，而是要根据企业发展规划和战略及时做出调整的。通常来说，一家企业的培训制度应当随着该企业的年度发展战略以年度为单位进行调整和细化。企业培训作为企业发展的重要助力，只有与企业发展战略紧密结合才能发挥出其应有的作用。企业培训制度还要求健全透明，只有健全的制度才能应对企业培训过程中出现的各种情况，只有透明的制度才能在企业培训过程中具有权威性和公信力。此外，有效力的企业培训制度往往是和员工晋升或奖罚制度相结合的。有奖励，员工才能自发产生参与企业培训的主动力；有惩罚，才能让企业培训制度具有外部约束力。

（3）基本要素之三：课程

企业培训的课程是企业培训的核心。培训的课程内容设计是否符合企业和员工的需求、是否科学合理等都将直接影响企业培训的效果。一般来说，企业培训的课程大致包括岗位基础技能培训、技术能力提升培训、职业发展规划培训、企业文化与工作态度培训等几大类。

同时，为了达到更好的培训效果，企业在进行课程项目组合和选择培训方式时要尽量做到有针对性、科学性和有趣味性。

确定了企业培训的学员、制度和课程，一个基本的课程培训体系就成型了。但想要获得良好的培训价值还缺不了专业的讲师团队。

（4）基本要素之四：讲师

专业的讲师是优秀的企业培训的灵魂。通常，企业培训的讲师要么由企业内部资深员工担任，要么由外聘的专业讲师担任。在企业培训的具体实施过程中，应当根据培训的具体需要和企业的具体情况来选择讲师，切忌不同的课程内容选择同样的培训讲师。

如果企业打算培养自己的内部讲师队伍，则需要做到以下四点：第一，术业有专攻，为不同的培训课程选择专业对应的讲师，并且要格外注重对讲师在表达、沟通等方面的能力培养；第二，对于讲师授课内容的规范化做好监督；第三，定期组织教研活动，有计划地提高讲师的授课水平；第四，要建立有效的讲师激励机制，激发讲师的工作热情和积极性。

华为大学的师资力量是非常值得称道的。纵览华为人的晋升履历会发现，凡是被提拔为干部的人都曾是华为"师资资源池"中的一员。此外，华为大学还为培训教师建立了完善的任职资格体系，从助理讲师、讲师、中级讲师、高级讲师到资深讲师共五个级别，不同级别的讲师会根据授课情况给予不同的课酬待遇，最高级别的讲师课酬是8000元/天，以物质激励和成长激励的双重刺激，进一步推动师资水平的不断提高。据统计，今天的华为大学（不算各大名牌大学以及国内外流动授课的顶级名师）拥有一支超过1600人的兼职讲师队伍，这些讲师66%以上都是基层部门的经理人，这些经理人都有着丰富的客户实践经验，而且在沟通、传授能力上也往往更胜一筹，让他们来为刚刚走上工作岗位的新员工上课，新员工往往能够更好地完成对教学知识的消化和吸收。

2. 制订战略性的培训计划，将培训与企业长期发展挂钩

企业培训要想跳出从众误区，制订有针对性的培训计划是关键，而有针对性的企业培训最直接的表现就是将企业培训的具体计划和企业的长期发展战略挂钩。

在一些企业里，企业培训发挥的作用极其有限，主要就是因为这些企业的培训往往只是"头痛医头，脚痛医脚"，缺乏战略性、长期性和系统性。"系统性"也是企业培训最重要的特征之一。对于一家企业来说，企业培训应当是全员性的、全方位地贯穿于企业发展全过程的系统性工程。

根据培训实施时间的长短，企业培训可分为短期培训和长期培训。短期企业培训是指针对各具体的专业、能力项目而开展的周期较短的培训活动或课程。长期企业培训则往往是针对相对抽象的能力类型、企业发展方向等而展开的周期较长甚至贯穿企业发展始终的培训活动。

入职培训、岗位技术能力提高培训等都属于短期培训，这类短期培训投入较少、技术难度较低，同时针对性强、见效快，是目前国内外企业普遍采用的培训类型。但一些企业只有短期培训课程，缺乏系统、长期的培训。这样不仅容易造成培训缺乏连续性，培训效果不佳，更有可能因为管理疏漏导致人才流失，最终使企业"为他人做嫁衣"，浪费了企业培训的资金投入和人力成本。同样，如果企业只有长期、常规的培训而忽视了针对具体问题的短期培训，也可能导致团队协作困难、工作推进受阻等具体问题。

因此，有效的企业培训应当是以长期与短期相结合的方式，一方面以企业人才的长期培养为主，但同时也搭配满足企业即时需求的短期培训，将员工的个人职业成长与企业的长远发展紧密联系在一起，让企业培训能有效地为企业发展助力、赋能。

1907年成立于美国华盛顿州西雅图市的UPS快递(United Parcel Service)是世界上最大的快递承运商与包裹递送公司，同时也是一家极其重视企业培训的企业。新员工从入职第一天开始就要持续接受各种类型的常规培训，培训内容更是深入员工工作的各个细节。比如，UPS快递在培训中会要求公司的快递员送货时将车钥匙挂在左手的小指上，以保证在开关车门时节省2秒钟的工作时间。一件货物节省2秒钟的运送时间，听起来意义不大，但是对于每天都有37万件配送业务的大型快递公司来说，2秒钟累计起来节省的时间却为企业创造了巨大的竞争优势。

除了长期性的培训项目，UPS快递还会针对特殊的运送需要对员工进行个性化的短期培训。比如有一次，UPS快递负责运送一批吉他，但客户要求吉他的音色在运送过程中不能发生变化。大家都知道，无论如何小心，旅途的颠簸都是不可避免的，因此吉他运抵后的音色几乎不可能丝毫不变。面对这一近乎苛刻的要求，UPS快递选择对配送吉他的员工进行有针对性的短期调音培训。这样一来，吉他在运送途中即使受到了颠簸，仍能在收件前被有专业技能的员工校准。这段故事后来成为UPS快递的一段佳话，也对UPS快递的品牌形象塑造起到了积极的作用。而回顾整个故事，我们能清晰地看到长期培训与短期培训相结合的企业培训方式对企业发展产生的重要作用。

长期培训与短期培训相结合的企业培训方式要求企业培训与企业发展现状、未来发展方向或战略紧密贴合。只有明确企业现状，才能有针对性地进行短期培训；也只有对企业未来发展方向或战略有清晰的认识，才能制订出有实现可能和实现必要的长期培训计划。

3. 控制培训成本，保障企业需求与培训支付的平衡

企业各项活动的最终目标都是为企业增加经济效益，员工培训活动亦是如此。因此，除了要重视培训给企业带来的收益之外，控制培训成本也是一

项极为重要的事情。

培训成本是由直接成本和间接成本两部分组成的，如表2-1所示。

表2-1　培训成本说明

培训成本	包含内容
直接成本	受训者的交通、饮食及其他生活方面的开支 选购或租赁器材、场地、教材及训练设备的费用 外聘培训讲师、教师、演讲者、培训机构所需支付费用等
间接成本	受训人员的工资 受训人员因参加培训而减少的工作损失 负责培训的管理人员和主管的工资和时间

（1）培训成本控制原则

企业培训的成本控制必须遵循以下四个基本原则：

①成本最合适化原则。成本最合适化并不意味着企业要选择培训费用最低的课程，而是要货比三家，在适合企业要求的情况下，选择在成本方面相对适宜的培训课程和服务。

②全面成本控制原则。对于培训涉及的所有环节，包括课程、讲师、资料、培训场地、食宿等方面都需要进行成本控制，避免某一环节或某一方面的超支导致成本控制不到位。

③成本动态管控原则。切忌在制订培训预算之后就对培训成本不管不问，而是要随时监控培训经费的各方面消耗，根据培训市场的实际情况做出恰当的调整，确保培训经费能够有效保障对培训活动的持续开展。

④目标分解落地原则。与培训工作相关的责、权、利，必须落实到部门，然后落实到个人，确保人人履责。

（2）培训项目成本控制措施

要降低培训项目成本，不外乎开源和节流。我们首先就要从企业实际供应能力，以及实际需求的角度出发，最大限度地争取培训资源，尽力开发、利用企业的现有资源，有效争取、整合和运用培训资源；在保证培训质量的同时，采取各种措施节约开销。

成本控制可以依照以下措施，如表2-2所示。

表2-2　成本控制的措施

措施		说明
主要措施	组织措施	确定培训主管、培训部门，以及培训负责人，将责任落实到个人，有利于促进他们对成本的管理
	技术措施	制订先进的、经济合理的培训方案，开发新的课程方式，比如可以开发一套高效率的网络学习平台
	经济措施	对授课酬金、培训费材料、教学设备费以及其他费用进行有效管理
配套辅助措施		将培训与员工的个人发展结合起来，提高他们学习的积极性，并为其创造良好的工作环境

控制成本的各项措施应同步落实，相互影响。企业要努力寻求各种降低消耗、增强培训效果的新培训方案、新培训模式、新技术，在严把质量关的前提下，控制培训费用支出。

（3）员工培训的分层收费模式

一些企业举办的人才培训课程的成本很高，但为了提高员工的工作能力，却又不得不举办这样的培训。此时，平衡培训投入与产出的问题颇让人头痛。在这方面，华为的做法非常值得借鉴。

2005年，华为在深圳建立了"致力于将华为打造成学习型组织"的华为大学，通过华为大学的培训来不断地发掘员工的潜质和能力。许多人认为维持庞大的师资队伍，对企业来说是个不小的负担。而事实上，华为除了初期投入，近年来已经几乎不需要向华为大学支付任何费用了，华为大学的经营采取的是自负盈亏模式。它不是成本中心，外部企业寻求培训要支付费用不说，就连华为内部的业务部门培训员工，也是需要为培训埋单的。

通常，华为新员工在华为大学接受培训都是免费的，但老员工想要进入华为大学学习就不那么简单了。华为大学会把不同的学习资源推送到公司的IT系统，放到网上，有需求的员工就可以去申请学习。但诸如华为高研班等课程都不是无偿的。以高研班为例，华为高研班每期历时9天，学员自掏2万元学费，参与培训前要向上司请事假、停薪，即便是这样，华为员工仍然会抢着参加，因为这种培训真的具有价值，真的能够帮助参加者提高工作能力，并赢得更多晋升机会。员工的工资要被扣掉，是因为培训期间不创造价值，而要交学费，一方面是为了保证培训不至于赔钱，同时也能让参与培训的员工更加珍惜培训机会。

曾经有华为人议论，说华为大学不应该收钱。任正非指出："华大是企业的一部分，即便不盈利，也要做到收支平衡，这是董事会对它的要求。只有自负盈亏，它才会想办法提高业务能力，做出真正让人愿意埋单的服务来。你的服务做得好，大家都愿意参加，即便费用收得高些，只要与产出能成正比，我认为也是可以的。"

从华为大学十年来的价值贡献来看，任正非的思路无疑是正确的，他把华为大学创建成了一个增值业务，以培训为中心，在华为内部建立起了一个微型教育市场，参加培训的人既是华为的员工，也是华为大学的客户，华大为"客户"创造价值，"客户"支付给华大相应的报酬，这些付出财富的华为人知道知识与能力的来之不易，才会更好地学习，并深入挖掘华为大学的潜能，实现企业与个人的双双增值。

此外，还可以加强对企业培训管理者在成本控制方面的专业培训，使之能够从提高经济效益的角度出发，不断树立经济观念、效益观念，并将它作为指导自己工作的方针；而对于受训者，也要提升其节约意识，使其能够主动站在企业的角度，在保证培训顺利进行的基础上，尽量降低除固定培训费用外的成本（如交通费、差旅费等），同时考虑在培训后所能创造的价值。当企业与员工能够同步发力，合力控制成本时，势必更容易把握住企业需求与培训支出的平衡点。

二、实现人岗匹配，平衡企业与个体的实际需求

提到企业培训，不论企业还是员工，最容易想到的往往都是一些技能培训，比如新员工的入职培训，又如针对在职员工进行的技术提高培训等。这类培训的目的性都很强，就是要实现人岗匹配，让企业的运营尽可能顺畅。但在企业的实际操作中，想要通过企业培训有效实现人岗匹配，并不是一件很容易的事情。它不仅需要企业对自己的培训需求有清晰的认识，还需要企业对岗位能力培训的方法有充分的了解。

1. 建立科学的企业能力素质模型

企业培训最基础的目的就是实现人岗匹配，让员工的能力与企业岗位的需求相适应，促进企业正常、高速地运转。但要达到这一最基础的要求困难还是很多。很多企业对自身运营所需要员工的哪些能力并没有一个清晰的认识，更不知道哪些能力的差值是需要通过企业培训来弥补的。因此，企业在做培训之前首先应当对自身的整体能力水平有一个科学的评估，而最好的评估办法就是自下而上地建立起科学的企业能力素质模型。

所谓企业能力素质模型是指将企业的战略目标与企业所需的一系列核心技能、品质、行为结合起来构建的系统模型。它能清晰地展现企业所需要的具体能力，帮助企业根据自身需要有针对性地进行招聘、培训、评估自身员工；同时，它也在一定程度上向员工昭示了企业发展所需的不同能力层级，激励员工在企业所需要的能力方向上提高自身工作能力。

通常，企业能力素质模型包括通用能力、可转移能力和独特能力三类能力。通用能力是要求企业全体员工普遍掌握的基本能力，它往往是一家企业对自己员工行为的普遍的、指导性的要求，它体现着企业认可、鼓励的行为方式，能够体现一家企业的企业文化。比如，诚信、礼貌、微笑服务等都是常见的通用能力要求。可转移能力也具有一定的普遍性，它是指企业内多个

不同性质的工作岗位都需要的技巧和能力，但对于具体不同的岗位，这些能力的重要程度和精通程度要求有所不同。而独特能力是指在某个特定岗位上工作所需的特殊技能，它与岗位要求联系最为密切，最具有独特性。

通过科学的企业能力素质模型的建立，企业能够发现和解决以下五大问题：

①企业需要哪些能力？

②企业是否拥有满足能力要求的员工？

③企业需要对全体员工做哪些普遍性培训？

④企业需要对新入职员工做哪些基础能力培训？

⑤企业需要对在职的骨干员工做哪些能力提高性培训？

由此可见，建立科学的企业能力素质模型是企业有针对性地展开培训、实现人岗匹配、平衡企业与个体的实际需求的必要前提。而在具体建立企业能力素质模型时，则需要企业自下而上地在企业运营的实践中不断探索，总结出科学合理并且符合企业自身发展需求的模型。构建企业能力素质模型时，企业应当注意不要自上而下脱离实践，更不能单纯地从理论出发来"设计"企业的能力素质模型，而要全面考虑、综合衡量。

能力素质模型本身就强调"从第一手资料入手"。1997年，麦可利兰博士在《美国心理学家》杂志上发表了自己的科研文章，文中用大量实例说明，人们主观上认为能够决定工作业绩的一些人格、智力、价值观等方面的因素，在现实中并没有表现出预期的效果。他指出，要离开那些被实践证明无法成立的理论假设和主观臆断，直接从第一手资料出发，发掘出真正影响组织绩效的个人条件和行为特征。

由此也可印证，想要建立起科学有效的企业能力素质模型从来都不是一蹴而就的，一般至少需要半年的时间在企业的经营实践中摸索和试错。有些企业盲目地敲定企业能力素质模型，并且很快就开始根据模型计划和实施企业培训，这样的做法是不可取的，其效果也往往是事倍功半的。

只有自下而上地建立起科学的企业能力素质模型，一家企业才能清晰地认识到企业自身经营所需要的各项能力，才能为新入职的员工做好入岗培训，才能发现员工能力与目标的差值在哪些具体地方，进而做好有针对性的员工能力提高培训。

2. 两种培训：新员工入岗培训和岗位能力提高培训

通过科学的企业能力素质模型，企业能清晰地认识到自己的能力需要与培训需要，但想要真正实现人岗匹配还需要企业对能力培训的基本形式、做法有充分的了解。一般来说，企业岗位能力培训分为两种：一是新员工入岗培训，也就是岗位能力基础培训；二是岗位能力提高培训，此类培训通常作为在职一段时间、有一定岗位能力和经验的骨干员工的提高培训。

（1）新员工入岗培训

新员工入岗培训是指为了满足员工高水平完成本职工作所需的知识、技能、态度、经验而举行的培训活动。这类培训最主要的目的是让新入职员工能快速融入企业文化，熟悉岗位工作流程，掌握岗位必备技能。一次良好的新员工入岗培训能解决企业运营过程中包括文化认同一致、工作能力达标、人才流失减少在内的许多基本目标。

通常来说，企业对新入职员工最基本的期望就是希望新员工能尽量缩短与企业的磨合期，快速上手，尽快为企业创造效益。而这就要求企业在做入岗培训时，不仅要重视培训，更要做到培训中有区分性、有针对性和有规划性。

不少企业在入岗培训时向新员工照本宣科地介绍企业在制度和价值观等方面的硬性要求。其实，这种填鸭式的灌输方法往往效果不佳，甚至会令员工产生抵触心理。反而是那些企业在新员工入岗培训时精心设计的"小心机"更容易深入员工内心。

可口可乐公司对新员工的培训与影响从其入职的当天就开始了。对于新员工入职的日期，可口可乐公司会精心挑选在公司开重要业务讨论会的当天，以保证新员工能在公司重要员工面前亮相。公司经理会在会议前将新员工郑重地推介给公司各部门的负责人，并且公司还会贴心地要求各负责人在与新员工交流时尽量避免提问，同时多采用肯定性的眼神，将信心传递给新员工。其实，可口可乐公司这种对新员工的尊重和礼遇示范，其本身就是一次很好的企业文化培训。这样一个不需要投入什么培训成本的小心思就成功地扫除了新员工与企业之间联系的羁绊，为留住人才打下了良好的基础。

（2）岗位能力提高培训

除了新员工入岗培训，企业内针对岗位能力进行的培训还包括岗位能力提高培训。区别于新员工入岗培训，岗位能力提高培训主要选择那些在职有一段时间、有一定岗位能力和经验的骨干员工作为培训对象，并且在培训目标上也通常设有更高的标准和要求，目的也是为企业培养、储备精英人才。

岗位能力提高培训是企业人才开发的重要手段。在当今世界500强的企业中，绝大部分企业都非常重视以人才培养为目的的能力提高培训。有数据显示，当今世界500强的企业为培养人才所花的平均费用已达到了企业总销售额的10%，为培训人才所花费的人力成本也占到了企业总人力投入的10%。由此可见，企业要想长期可持续发展，就要重视通过岗位能力提高培训塑造企业所需的人才。

以美国惠普公司的培训体系为例，惠普公司的培训完整地伴随着员工的整个职业发展过程。新员工进入惠普公司，首先要接受入岗培训；当员工通过内部招聘成为一线经理后，又要接受基础的管理培训；而当员工升任为部门负责人后，则需要自主决定所要接受的培训内容。惠普公司设置了一整套帮助骨干员工实现能力提高的培训体系和计划，确保每个员工在能力与岗位要求不匹配时能够快速、科学地接受培训，并通过培训及时弥补差距，实现企业的人岗匹配。

岗位能力提高培训一般是围绕在岗员工的业务知识、服务态度和专业技能等多方面内容而展开的提高性训练，具有实用性强的特点。在企业培训的多种具体类型中，岗位能力提高培训属于针对性、目的性较强的一类。因此，在策划此类培训时，要明确培训的目的，并围绕目的展开培训策划和培训操作。

岗位能力提高培训的目的通常有两类：一类是弥补原在岗员工由于岗位变动带来的能力提高需求；另一类是弥补由于企业发展带来的新的岗位能力需求。前者通常与员工的个人职业发展路径相关，需要企业对具体岗位能力需求与在岗员工现有能力匹配程度有清晰的掌握；后者则更多与企业的长期发展战略相联系，需要企业对其宏观上的发展要求有清晰的认识。

同时，相比于新员工入岗培训的相对固定性，岗位能力提高培训更加灵活。它需要企业对自己的能力需求与员工能力现状有清晰且动态的认识，即企业要根据自己在不同阶段、不同情况下的具体需求"因需设训"，从而让岗位能力提高培训能真正解决企业在发展过程中遇到的具体人力资源问题。

三、厘清员工成长路径，设计阶段性员工培训计划

企业培训在本质上是企业与员工的互利举措，这种互利性尤其体现在企业针对员工成长路径所设计的阶段性员工培训计划上。对于员工来说，由企业出资出力为自身的职业生涯发展进行专业规划与培训，自然是一次难得的职业提升机会；而对于企业来说，把有较高忠诚度的员工有针对性地培养成为企业发展所需要的关键性人才，也是一次高性价比的人力资源投资。

许多企业重视员工的在岗技能培训与提高，而忽视了针对其职业发展规划所做的管理培训，往往导致企业发展过程中人力资源的断档和现有骨干人员的流失。阶段性员工培训计划解决的是企业长期发展的人才供应问题，这一类型的培训计划的缺失，导致企业发展过程中人才供应的乏力。另外，此

类培训还起着为企业现有骨干员工指明晋升路径的重要作用，缺少这类培训，企业骨干员工很容易因为看不到自己的发展方向而选择跳槽。

因此，在企业培训的整体规划设计中，厘清员工成长路径，设计阶段性员工培训计划就显得尤为重要。

1. 有效开发员工身上的各项潜力资源

厘清员工成长路径，设计阶段性员工培训计划，即企业在培训过程中充当员工职业生涯的引导人和教练，设身处地地为员工规划其在企业中的职业发展路径，并有针对性地分阶段对其进行培训。在企业发展过程中，这类培训是企业有效开发员工潜力的一种管理方式，它能缩小企业与员工在职业能力需求上的偏差，并避免由此造成的员工工作主动性、积极性的丧失。

在许多国际性企业中，这种帮助员工规划职业生涯，有针对性地进行阶段性员工培训的例子不胜枚举。

中国与比利时合资企业通灵珠宝一向格外重视企业培训。为了能让员工近距离感受、学习世界顶级珠宝知识，通灵珠宝一直定期安排企业一线员工去比利时、法国巴黎等世界奢侈品中心进行培训。此外，通灵珠宝的企业培训体系也是"厘清员工成长路径，设计阶段性员工培训计划"这一培训类型的典型案例。从员工进入通灵珠宝开始，企业就会根据员工的基本能力和职业发展意愿明确其在公司的发展方向，并结合每位员工的培训需求，设计、实施系统的个人培训方案。因此，进入通灵珠宝的员工，都会获得企业提供的极具针对性的职业规划培训和专业知识培训；同时，公司人力资源部还会做定期跟进，以实时掌握员工发展情况以保证培训效果。

同样的人才培养模式还出现在日立环球存储科技有限公司的企业培养计划中。日立环球存储科技有限公司大中华区每年都有很高的员工满意度，究其原因，离不开企业对员工发展所做的支持。"支持企业员工发展"作为日立集团的重要企业文化之一，在日立集团的企业政策中得到格外的重视。日立集团会为每一位进入日立集团的员工设定清晰的职业目标，并根据员工的具体需要提供企业培训。例如，每年年初的时候，日立集团的各部门经理会和自己的员工们一起商定新一年的工作目标，其中包括今年该部门计划完成的工作任务量以及需要提高的具体技能等。此后每隔一段时间，日立集团就会以部门为单位对员工的工作进度和能力提高情况进行考核，不断修正年初设置的目标和培训方案，以确保员工的发展能得到准确有效的支持。而对于目标完成优秀的企业员工，日立集团除给出合适的晋升通道外，还会给予其格外的物质奖励。

不论是通灵珠宝还是日立集团，都把设计、实施阶段性员工培训计划作为了企业开发员工潜力资源的有效手段，这些企业正是通过厘清员工的成长路径，运用企业培训支持员工职业发展的办法，有效提高了员工的基本素质，也实现了企业自身的长远发展。

2. 为员工提供不同的职业成长路径

员工培训需与其职业成长路径相匹配，方能确保培训计划的适用性。一般来说，员工的职业成长路径可以被归纳概括为三类：纵向成长、横向成长和双重成长。

（1）纵向成长

所谓纵向成长，也就是我们通常所说的员工的晋升之路，主要指员工在企业中行政级别方面的晋升，这也是企业员工比较传统的职业发展路径。当企业中出现行政岗位领导人员空缺时，企业一般都会通过内部招聘的方式，在企业同类型岗位的低级员工中选拔优秀者任职领导岗位。这就为企业员工的纵向成长提供了机会。在企业的发展中也往往是这一纵向成长路径激励着企业基层员工更加勤勉地工作和努力提高自我。

（2）横向成长

所谓横向成长，包括近年来在企业中普遍实行的工作轮换（为员工安排一系列不同领域的工作内容，或者为员工提供在各种不同工作岗位之间流动的机会），员工在工作轮换中扩大了现有的工作内容，得以接触更多具有挑战性的工作任务，因而技术水平和工作成就感均得以提高。

员工的横向成长路径是与现代企业日趋扁平化的组织结构特点相适应的。在现代企业中，传统行政级别的岗位大幅减少，基层员工的纵向晋升渠道变窄，这从根本上造成了现代企业员工的职业发展路径更多地向横向发展上转移。相比于单一职位的晋升，现代企业员工同样重视多技能的学习机会和不同工作岗位的接触机会。

（3）双重成长

双重成长更多为技术性企业和技术性员工所适用。由于技术性员工更希望能持续在技术领域发挥自身价值和获得提高，因此企业往往为这部分人才提供与管理人员不同岗位，但同样职级与待遇的平等职业成长机会。在这样的晋升渠道下，技术人员和管理人员各司其职，各精其业，在双重成长路径下，企业中各类型岗位上的员工都能得到充分的发展机会。

双重成长路径是企业员工难得的发展机会。随着技术人员职级和待遇的提高，其担负的企业责任越来越大，工作任务也越来越精深和富有创新价值，这也就不断鞭策着企业中的这些精英人才努力提高自我技术能力，持续进行自主学习和主动接受企业培训。

3. 员工培训计划与职业生涯规划的结合

为了让员工更乐于参与培训安排，企业应考虑结合员工自己的职业愿景和职业规划来设计培训内容。

（1）了解员工的职业愿景

当员工对自己的职业愿景有清晰的认识和规划时，企业管理者要及时加以了解；当员工对此没有清晰的认识时，则可以采用"五步规划法"来帮助员工建立起自己的职业愿景。

- Who are you?　　（你是谁）
- What do you want?　　（你想做什么）
- What can you do?　　（目前你会做什么）
- What can support you?　　（环境支持和允许你做什么）
- What you can be in the end?　　（你的最终职业目标是什么）

当员工回答了这五个问题后，找到它们之间的最高共同点，也就明确了自己的职业愿景。

（2）达成员工与企业的共同愿景

要达成企业与员工的共同愿景，管理者要让员工明晰企业的愿景是什么，并进行有针对性的解读。针对员工的个人愿景，向其说明企业能够提供哪些机会，哪些方面无法予以满足，并针对后者提出可替代性方案。

在共同愿景的指引下，管理者还应协助员工制订基于共同愿景的职业发展规划，以保证共同愿景的实现。

（3）制订员工职业发展规划

在协助员工设计职业规划的过程中，管理者要仔细考虑组织环境、发展战略、岗位需求、员工能力与潜力等因素，并在员工与组织共同愿景的指引下，帮助员工在企业内部找到适合的发展方向，以此制订短期、中期和长期的规划。然后，根据员工目前的状况与各期规划目标之间的差距，制订具体的员工培养计划。

制订员工职业发展规划的具体流程，如表2-3所示。

表2-3　制订员工职业发展规划的具体流程

流程	需收集的资料或注意事项	具体措施
研究企业能为员工提供的资源和环境	企业现状及发展战略 各岗位的基本信息 HR 对未来岗位的预期	向员工阐明企业现状及发展战略，邀请员工参与岗位规划的探讨

续表

流程	需收集的资料或注意事项	具体措施
了解员工的背景信息，并实施专业测评	员工个人的职业愿景 员工教育及工作经历 当下工作的胜任评价 倾向的工作岗位 员工自身的优缺点	主管及 HR 部门反馈 员工填写表格 专业测评工具 通过培训指导员工制订职业规划
帮助员工制订符合企业发展的职业规划	注意规划的可行性，既要与个人特质相匹配，又要结合组织的现实环境和发展战略	通过第三方专家与员工进行深度面谈 结合评测结果，形成员工分析报告
分解长期目标，并实施具有针对性的培养计划	分解后的阶段性目标必须具体、明确，培养计划需要针对员工现状与未来规划之间的差距	及时反馈执行情况 执行过程需要监督和及时指导 有针对性地培训 定期给予激励

　　管理者可参照上述步骤，帮助员工进行职业发展规划，并协助其设计各阶段的具体培训计划。

　　此外，企业培训管理者还应当意识到，对员工职业发展的规划其实是员工与企业共同设计完成的。员工需要借助企业实现自身的职业价值，而企业也同样需要员工不断地自我发展，从而推动企业的持续进步。员工职业生涯规划的最终目的就是要通过帮助员工实现个人的职业发展目标，来实现企业的持续发展。从这意义上来说，企业通过设计阶段性员工培训计划来为员工的职业成长助力，其实也就是为自身的长期发展助力。

四、企业培训需求分析与员工培训需求调查的方法

　　企业培训需求分析是任何企业进行任何一种企业培训之前所要进行的第一个环节，它是确定企业培训目标、设计企业培训计划、选择企业培训方式、实施企业培训方案和进行培训效果评估等一系列活动的基础。

具体来说，企业培训需求分析是由企业培训的主要部门（通常是企业的人力资源部门）牵头，在具体的培训规划和设计之前，对培训参与者、管理者、设计部门等进行的系统的培训需求调查。在这一环节中，企业培训的管理者应当在大量搜集反馈资料的基础上，对企业到底需不需要企业培训、需要什么样的企业培训等基础性问题进行回答。

作为企业培训全过程的基础，企业培训需求分析环节在企业培训体系中占有重要地位，一旦企业培训需求分析出现偏差或疏漏，随后进行的全部企业培训工作和投入都将被带入错误的毂中。因此，企业培训的管理者必须重视企业培训需求这一环节，并且掌握一定的培训需求分析方法。

1. 企业培训需求分析方法

广义的企业培训需求包括企业发展培训需求和员工培训需求；而狭义的企业培训需求通常特指企业的发展培训需求，即特定企业的实际需求与员工现有能力之间的距离。

在企业培训需求分析工作中，针对企业发展需求（以下称"企业培训需求"）所展开的调查分析往往是培训需求分析环节的重点。通过这一阶段的调查分析，企业培训管理者可以基本解决"企业培训是否必要""企业培训的基础方向是什么"等基础性问题。

通常来说，企业培训需求产生的来源不外乎企业环境发生变化、企业人员发生变化、企业绩效低下以及企业发展战略需要这四个方面。

（1）企业环境发生变化

企业环境发生变化是指企业因所使用的设备、工作方法、机构设置、管理制度等发生改变而导致企业的工作内容和工作环境发生了显著变化。随着企业这些环境因素的变化，企业对员工的工作要求也发生了相应的变化。为了使员工能够快速融入新的企业环境，尽量减少企业环境变化给企业生产、发展带来的负面影响，于是企业产生了对员工进行培训的具体需求。

（2）企业人员发生变化

企业人员发生变化是指企业因员工发生如入职、升职、降职、岗位调换等流动情况而产生的变化。不论是新人入职还是老员工的调岗、升迁，想要让流动后的企业人员快速适应岗位的变动，往往就需要企业对其进行有针对性的培训活动。

（3）企业绩效低下

绩效低下通常是由员工的技术水平、专业能力、管理技术不达标或员工工作态度、观念等存在问题而导致的。为了防止企业出现员工高频率的操作失误、效率低下或秩序混乱等现象，企业自然就产生了对员工岗位技能、职业态度、企业文化等方面的培训需求。

（4）企业发展战略需要

企业发展战略的需要往往是企业培训更为深刻的培训需求来源。企业的发展战略从来都不是一成不变的，随着企业外部市场环境的变化和企业自身成长的发展，企业的发展战略总是在不断地调整之中的。为了在激烈的市场竞争中长久生存和发展下来，企业永远不可能满足于目前的发展状况，而是不得不持续拔高自己的战略高度，以更具有前瞻性的发展目标抵抗市场残酷的优胜劣汰法则。在这样的背景下，为了获得与企业发展战略相匹配的，具有更高素质、能力的人力资源支持，绝大部分企业少不了对企业培训活动"寄予厚望"。

2. 员工培训需求调查方法

企业员工是企业培训的最主要的参与者。企业培训能否满足员工的需求，将最直接地影响企业培训的参与程度和完成程度。只有满足了企业员工需求的企业培训才有可能受到受训者的欢迎，也才有可能真正取得预期中的培训效果。因此，对企业培训需求进行分析的同时，还要对企业员工培训需求进行调查分析。

（1）企业员工培训需求的分析方法

对企业员工培训需求的分析，通常围绕三个方面展开：员工的知识结构分析、员工的年龄结构分析和员工的能力分析。

①员工的知识结构分析。员工知识结构的分析包括对员工文化教育水平、职业技术水平和以往的培训经历三个方面的调查和分析。通过对员工知识结构的分析，能较为宏观地了解员工的现有工作知识、技能水平的短板，把握员工普遍能够接受的企业培训类型与方式，比如，文化教育水平较高的企业员工通常对理论性培训课程的接受程度较高。此外，摸清企业员工的知识结构，还有利于企业在进行内训时充分利用自有人力资源，降低企业培训的人工成本。

②员工的年龄结构分析。企业培训中不同年龄层次的受训者，往往对授课方式和授课内容具有不同的兴趣倾向。另外，年龄的大小也往往和受训者的接受能力有着非常密切的关系。因此，在进行企业培训需求分析时，调查清楚企业员工的年龄结构，对于后续企业培训课程的设置和受训人员的分配安排有着重要的作用。

③员工的能力分析。对于员工能力的分析，也就是对员工实际具备的能力与完成其岗位工作所需能力之间差距的调查分析。这一部分的调查分析实际上是从更微观的角度弥补了从企业层面进行的培训需求分析的不足，对于企业培训课程的具体设置常常起着重要的作用。

（2）企业员工培训需求的调查方法

在对员工培训需求调查过程中，常采用的调查方法有：面谈沟通法、行为观察法、问卷调查法等。

面谈沟通法是最直接的员工培训需求调查方法，虽然这种调查方法效率很高，但其主观性较大，因此不能独立作为企业员工培训需求的调查结果。行为观察法，相对客观，但操作难度和时间成本较高，通常需要受训者的部门领导代为进行。问卷调查法是最常采用的员工培训需求调查方法，这种方法的可控性最高，得到的信息往往可以进行量化分析，但因为调查所需问卷是人为预先设计的，容易受到企业培训管理者先入为主的观念影响。

因此，在进行具体的员工培训需求调查分析时，为了避免单一方法造成的误差，通常建议企业培训管理者综合采用多种培训需求调查方法，在广泛搜集多方信息的基础上，最终给出相对客观、科学的分析结果。

第三章

先利其器：充分做好各项培训准备工作

"工欲善其事，必先利其器。"做任何事情之前，只有做好充分的前期准备，才能确保最终能够收获理想的效果，企业培训自然也不例外。企业培训前期充分的准备工作，能让学员清晰认识培训的主题，快速进入培训状态；能有效刺激学员的培训积极性，让企业培训取得事半功倍的效果；还能有效避免培训中可能出现的各类突发状况，从而保证培训课程能够有条不紊地按预定节奏顺利进行。

一般来说，企业培训在前期阶段需要围绕思想、场地、氛围、主体和课程五个方面来进行准备。

一、思想准备：明确培训所能解决的问题

培训的确是企业发展过程中的良药和补药，它能有针对性地解决企业当下存在的一些问题，也能为企业的未来发展补充一些必要的能量。但培训永远不会是企业发展的万能灵药，把企业所有问题的解决都寄希望于培训，显然是不现实的，只有明确培训的适用范围，明确企业培训能解决什么样的问题，才能避免无效的培训投入，也才能真正发挥出企业培训的功效。

1. 要认识到企业培训不能解决所有问题

很多企业重视企业培训，但把企业培训当作解决即时问题的"补丁"，甚至把许多企业运营中出现的各种具体问题都寄希望于通过一次企业培训来解决。但事实上，很多这种针对企业具体问题的企业培训都不能达到预期的效果，因为它所期望解决的问题往往与企业培训的效能范围不相匹配。

例如，某家企业发现员工在工作期间大都不按要求穿着统一的工作服，于是决定通过一次企业培训解决问题。该企业内部的培训人员组织基层员工学习了企业对于工作期间穿着统一工作服的制度要求，以及身着工作服对于工作的意义。并且培训结束后，绝大部分受训人员也都通过了企业培训的评估测试。但回到实际工作中，企业发现统一着装的问题并没有得到太大改善。

在上述例子中，企业培训之所以没有发挥出预期的效果，并不是因为企业培训本身无用，而是该企业在没有仔细分析问题产生的原因的基础上就盲目地实施了一次不对症的培训。

员工不按要求统一着装的原因有多种，既可能是员工对统一着装的制度、意义了解不足，也有可能是工作服的设计不合理，影响了员工的穿着感受，还有可能是着装制度本身缺乏激励性或强制性。在所列举的三种原因中，除第一种原因外都是无法通过培训解决的。因此该企业在实施培训前首先应当分析问题出现的原因，认真评估问题本身是否适合通过企业培训的形式得到

解决。

该案例在一定程度上反映了当下许多企业依赖于企业培训的普遍现象，但这种"头疼医头，脚疼医脚"的做法，并不能对企业的持续发展产生深远影响。"授人以鱼不如授人以渔"，相比于一次又一次地培训员工如何解决各种具体问题，不如深入分析为什么这些问题员工不能主动解决，然后通过培训激发员工解决问题的能动性，教会员工如何找到解决问题的方法。

许多企业只关注具体技术内容的培训，却忽视了塑造员工自我学习的意识和能力。教授员工具体的知识技能如同不断为企业输血，而只有培养出有学习能力的员工才能让企业实现自主造血，从而实现企业长期、持续和良性的发展。

企业运营过程中出现的问题多种多样，企业培训也并不是一剂万能药，但对于员工具体的技术、能力、认识、意识等的提高、改善和塑造来说，企业培训往往能发挥有效的作用。因此，在设计、实施企业培训之前，首先要对培训能够解决的问题进行细致分析，让企业培训真正做到有的放矢。

2. 要认识到企业培训能解决很多问题

在明确企业培训不能解决所有问题之后，许多企业对培训的认识却又陷入了另一个极端——认为企业培训的效能过于有限，解决不了什么问题。之所以这些企业会产生这样极端的认识，往往是因为这些企业简单地将企业培训等同于了课堂培训。

（1）关于企业培训与课堂培训的研究

20世纪80年代，全球最著名的领导力研究和发展机构创新力领导中心（CCL）进行了一项针对管理人员能力来源的研究，在调查了大量成功且具有代表性的管理人员之后，创新力领导中心提出了现在被广为接受的"721"学习法则，即企业中优秀管理人员的能力提高来自三个方面的学习成果——工作历练与经验占70%，人际互动占20%，正式的课堂培训占10%。这一研究结果一度让许多企业培训研究者陷入困惑，如果企业培训对企业人才培养的贡献占比真的只有10%，那么就意味着企业培训的价值将大打折扣，通过企业培训为企业培养人才的设想也将化为泡影。

但很快这一困惑就被解决了。企业培训研究者们发现，一旦跳出"企业培训等同于课堂培训"这样简单的认知模式，而将企业培训的外延和内涵适当放大，就能发现企业培训对企业人才能力提高作用的占比远超10%。现代企业培训的方法和模式也大多是由此发展而来的，因此在课堂培训之外引入了大量互动性、交流性、游戏性更强的培训形式。

由此可见，通过企业培训来有效解决企业问题的首要前提就是正确区分企业培训与课堂培训。

（2）确定"企业问题是否能够通过企业培训得到解决"

在企业培训的具体实践中，我们可以针对企业运营中所出现问题的原因进行分析，通过回答三个问题确定具体的企业问题是否能够通过企业培训得到有效解决。

问题一：该问题是否是由员工某方面知识或技能缺失导致的？

问题二：通过企业培训的方式解决该问题是否是唯一或最好的选择？

问题三：当问题通过企业培训解决后是否有相应的转化保障机制？

这三个问题实际上就是从前提、必要性和保障性三个角度来分析了企业培训的可行性：只有当企业出现的问题是由于员工知识、技能的缺失等造成的，才可通过企业培训传授、弥补；只有企业培训是解决问题的唯一或最优办法时，企业培训才是合理和必要的；只有当企业培训的成果能够被保障机制保护时，企业培训才能可持续发挥作用。

因此，唯有以上三个问题的答案都是肯定的时候，该企业出现的问题才适合通过企业培训解决。如果对以上三个问题的回答中出现了否定答案，则意味着在当前情况下企业培训并不是问题的最优解决方案。此时，企业更适合用优化工作流程、改进工作机制等其他办法来解决问题。

3. 要遵循培训管理工作的基本原则

现代企业培训是一个复杂的系统工程，要求专业、科学的管理规范，也因此对企业培训的管理者提出了相对较高的要求。总体上来说，企业培训管理工作要遵循系统性、人本性、动态性和效益性这四大基本原则。

（1）系统性原则

系统性原则主张对企业培训工作进行系统性管理，即用系统的观点、理论和方法对企业培训进行系统分析、设计、优化和评价。不论是单一的企业培训课程还是整体的企业培训体系，都是由多种元素构成的有机整体，均具有整体性、目的性、层次性、复杂性等特征。因此，企业培训管理者只有从系统的高度去把握企业培训，有意识地分析、平衡各要素之间的复杂关系，才能设计出有针对性、有效的培训方案。

（2）人本性原则

人本性原则要求企业培训管理者在管理企业培训工作时做到以人为本。企业培训是对企业人力资源的培养与塑造，从根本上是以员工为主体的活动。因此，在企业培训管理过程中，只有坚持从培训参与者角度出发，积极调动受训者的积极性、主动性和创造性，才能真正达成良好的培训效果。许多企业在管理企业培训时，不对受训员工进行调查，就先入为主地设定了培训的目的和方案，违背了人本原理的做法，其培训效果自然也难能如意。

（3）动态性原则

动态性原则揭示出企业培训活动作为一个系统是处在不停变化之中的。因此，它要求企业培训管理者要根据企业发展需求、受训者能力、培训供应条件等多种因素的实际变化情况，主动、及时地对企业培训的目的、方法、实施手段等进行调整。企业培训的管理工作不可能一劳永逸，希望一次完善的培训方案设计能一直发挥作用，是企业培训管理者常犯的错误。培训管理工作的动态原理对企业培训的管理者提出了更高的要求，要求他们要不断更新观念，避免僵化和墨守成规，要时刻关注企业培训过程中发生的动态变化，主动调研而不凭主观臆断行事。

（4）效益性原则

效益性原则强调企业培训的投入与产出的差额，要求以尽可能少的投入和消耗换取尽可能多的培训成果，努力实现培训效益的最大化。很多企业在进行企业培训时并不注重培训效益，甚至将企业培训视作员工福利，但这种"不计投入"的培训却往往变成了浪费，享受"福利"的员工不仅没有感觉有收获甚至还将此当成了一种负担。企业培训管理者应当意识到企业培训与员工福利有着根本差别：企业培训是企业对员工进行的一种人力资源投资活动，以追求更丰富、更优质的人力资源回报为目的。

二、场地准备：安排合适的培训环境和工具

培训场地是企业培训的基础硬件之一。一个与企业培训需求匹配度高的场地，能够为企业培训提供良好的环境和氛围，让企业培训达到事半功倍的效果。但同时，租赁或购买企业培训场地也是企业的一大笔开支，如何用尽可能少的钱为企业培训选到最合适的场地，在很大程度上决定了企业培训的成败。

1. 根据企业培训的预算选择性价比最高的场地

企业培训预算是指在一段时间内（通常以12个月为单位）进行企业培训所预留的全部开支。有数据显示，当前国际大公司的培训总预算一般占上一年的总销售额的1% ~ 3%，最高达7%，平均达1.5%；而目前我国许多中小型企业因为受到企业规模不大和企业培训意识不强等方面的限制，培训总预算往往不到上一年总销售额的0.5%。

企业培训预算是企业实现培训计划的物质基础，企业培训活动所需的场

地、设施、道具、培训师薪酬等费用都应包括在内。可以说，做好企业培训的预算和通过调研确定企业培训的目标都是进行企业培训的最初步骤，它们将深刻影响企业培训的全局部署与实施。充裕的企业培训预算自然能够避免企业在培训过程中出现捉襟见肘的局促局面，在客观上能保证企业培训的物质条件。但企业培训的预算费用也并不一定是越多越好，企业培训作为企业人力资源的一种投资，只有合理支配预算中的每一笔花销，才能让企业的培训工作获得效益。

在企业培训的预算中，场地的租赁或购买往往是最大的一笔开支，因此，在进行企业培训场地的选择时，也需要企业培训管理者根据具体的预算数额，综合考察多方面因素，选出性价比最高的培训场地。一般来说，根据预算选择培训场地时，企业要考虑地理位置、实用性、价格三个方面的硬性要素。

（1）地理位置要素

地理位置是进行企业培训场地选择时首先要考虑的因素。地理位置条件的好坏一般从往来距离、周边设施两个方面进行评判。许多企业在选择企业培训场地时，为了节省预算，选择偏远且周边设施建设较差的地方，但结果却得不偿失——偏远的距离增加了往来的交通费用，较差的周边设施增加了食宿等其他项的支出；受训者也常常疲于奔波，影响了企业培训的效果。

（2）实用性要素

实用性要素主要指企业培训管理者需要对计划中的培训场地进行实地考察，对场地与企业培训需求的匹配度进行评估，选择实用性更高的培训场地。

在考察企业培训场地实用性时，首先要考虑场地容量是否足够，既不能过大造成浪费，也不能过小让培训空间过于局促。

其次要考察培训场地的硬件设施是否能满足企业培训所需。企业培训在场地方面的支出，除了租赁费用外，还包括一定的装修、设施补充费用，因此如果原有场地的设施相对健全，也能省下不小的一笔花费。在考察企业培训场地时，切忌选择装潢精美但实用性差的场地，否则在对场地进行调整时会浪费大量的财力和物力。

（3）价格要素

价格是否合理自然是选择企业培训场地时要着重考量的因素，企业培训管理者在进行场地选择时要仔细评估其性价比，慎重进行选择。

一般来说，为期几天的短期企业培训的场地租赁价格的弹性空间较低，但如果是长期租赁（一般以年为单位），甚至是成立自己的企业培训中心，则场地价格的弹性空间相对较大。企业培训的管理者在与场地所有方沟通时，可以积极尝试寻求优惠。

另外，食宿等支持性服务的供应条件，也是影响企业培训场地价格的一个因素。企业培训在选择场地时，一定不能忽视对这类条件供应情况的比较，它其实是培训场地费用隐性支出的一部分。

一般来说，企业培训的场地通常选择在各培训机构、酒店提供的会场之内，而近年来，以新型书店、咖啡店为代表的城市文化创意空间也成了企业进行短期培训的优质场地。

2.根据授课类型，选择恰当的培训场地与工具

（1）培训场地面积影响培训效果

不同的培训场地所适合的企业培训授课类型是不同的。比如，庄严、大气的培训场地一般适合大型培训，宽阔的场地空间不会给受训者造成太大的压力，同时场地本身的庄重气质也能在一定程度上引起受训者对培训内容的重视，帮助其集中精力接受培训。

相对温馨、精致的场地，则更适合小型的培训和交流会。培训人数较少时，小一点的空间不容易让受训者分散注意力或产生隔阂感，而相对温馨的环境布置也更容易让受训者敞开心扉进行交流。

对于配备有各类活动、游戏设施的户外场地，显然更适合素质拓展类企业培训课程，其活动空间更大，自由度更高。

（2）根据培训授课形式，选择适当的场地

在选择培训场地时，一定要根据企业培训授课类型的不同，有目的性地进行选择。具体地说，企业应先行确认培训授课的形式——是属于理论式培训、实操演练式培训、交流互动式培训还是游戏式培训，然后再根据培训形式对场地的具体需要来选择合适的培训场地。

①理论教学式培训。理论教学是最常见的企业培训形式，它通常以课堂授课为主。这类企业培训课程对场地的要求主要体现在空间大小上，应根据授课人数的多少，具体选择空间相适应的场地。空间过大往往会分散受训者的注意力，空间过小则容易给受训者带来压迫感，一般来说，空间大小以每人4平方米左右较为合适。

②实操演练式培训。实操演练式教学往往应用于企业技能培训课程，它要求企业培训的场地与实际的工作环境尽可能相似，否则就不能达到培训的目的。这类场地可以选择现场实操也可以选择模拟场景。若培训所需的设备难以移动或难以模拟再现，培训场地最好选择在设备生产的现场，设备生产现场自然也是企业实操演练式教学的最佳场所。但如此一来就会占用生产的工具与生产场地，会在一定程度上影响企业的生产效率，因此许多企业对这类课程也会另选相似场地，在模拟场景中进行教学。

③交流互动式培训。交流互动式培训是企业管理者亲自培训常采用的课程形式，这类培训课程不宜选择过大或过于严肃的培训场地，而适宜选择空间不大但环境舒适、轻松的培训场地。因为只有在相对舒适的场地内，受训者才容易产生安全感，能够放松地进行交流；并且只有在相对轻松的场地内，受训者才能进行发散思维，也才能进行高效率的交流互动。

④游戏式培训。游戏式培训是近年来比较受欢迎的企业培训课程形式，它对培训场地的空间面积、自由度和灵活性要求较高。游戏式企业培训课程

通常需要受训者动起来参加各种游戏，并且还需要搭配各类游戏道具，因此场地多选在室外。

（3）场地空间与培训用具的配备

企业培训场地的准备除了选择适合的空间，还需要配备好基础设施、学习工具和教学道具。

其中，基础设施是指场地内的电源插排、充电器、电脑、投影仪、音响、麦克风、摄像机、照相机、录音笔等；学习工具一般包括受训者学习过程中需要用到的纸、笔、电脑等；教学道具包括培训中所需的课件、背景音乐、影视材料、各类纸质材料和表格（教学资料、试卷、签到表等）以及奖品和荣誉证书等。这些企业培训所需的工具与道具需要提前准备，否则就可能影响企业培训的进度。

三、氛围准备：打造积极的学习氛围

在企业培训的前期准备工作中，"氛围准备"是不可忽视的重要内容。

企业培训的良好氛围往往对培训有着重要的加持效果。热烈积极的培训氛围总是能有效感染培训者和受训者，让培训者和受训者双方能够全情投入。

在良好的培训氛围下进行的企业培训，更容易收获良好的培训效果。相反，如果企业培训的氛围过于刻板，死气沉沉，或过于混乱，都将对企业培训的最终效果产生消极影响。

1. 科学布置场地，对授课教室进行布局

在企业培训的环境准备过程中，培训场地布置占有重要的地位，甚至很多有经验的企业培训者会亲自参与到培训场地的布置中。作为授课开展的空间，小到教室装饰的配色，大到培训座椅的摆放方式，都将直接影响授课的效果。

（1）场地布置的基本原则

通常来说，企业培训的场地布置以雅致、轻松、适宜为基本原则。

所谓雅致，是指企业培训场地的装饰风格应当以清新淡雅为宜，避免场地色彩过于繁杂或过于暗淡单调，这样都会影响受训者的心情。

所谓轻松，是指企业培训的场地布置虽然应当严肃庄重，但绝不宜过于呆板沉重，这样会让培训者产生压抑的心理感受。

所谓适宜，是指在布置企业培训场地时，要根据所进行的课堂形式、教学方式进行具体调整，以保证课堂授课的需要。

（2）五种常用的教室布局方法

一般来说，针对不同的企业培训授课需要，有以下几种常用的教室布局方法。

①课堂式布局，培训场地最前端设有独立的讲台，讲台下桌椅的摆放按照行列整齐排开，与学校授课的课堂形式一致。这类场地布局一般适用于不需要太多互动活动的授课形式。作为最传统的企业培训场地布局方式，课堂式的布局中，培训者是全场的绝对焦点，因此一开始很容易让受训者的注意力集中在培训者身上。但这种布局方式所造成的课堂气氛往往相对压抑，难以形成热烈讨论和畅所欲言的课堂氛围。同时，培训者难以与受训者形成即时的互动，随着时间的推移，受训者的注意力容易涣散。

②长桌式布局，培训场地最前端仍然设有独立的讲台，但所有的受训者围绕着同一张大桌而坐。在这种布局方式下，受训者之间变得更加亲密，因此能有效增加受训者之间的了解，产生良好的课堂交流效果。

③圆桌式布局，场地内设有多个小型圆桌，受训者分团队围绕圆桌而坐，培训者既可以在场地内单独设置讲台，也可游走在各个圆桌间进行授课，这是一种适合团队型培训项目的场地布局方式，天然的团队分组模式有利于多种不同团队建设游戏的开展。但在这种场地布局下，如果培训者仍然站在教

室前端，则必然有将近一半的学员要背对培训者而坐。另外，不同圆桌间的受训者联系松散，难以进行有效沟通。

2. 从细节出发，努力营造最优的课堂氛围

在企业培训的课堂上，声音、光线、色彩、图像等都可能对企业培训课堂的现场气氛产生影响。因此，许多专业的企业培训者都会对课堂前期准备的细节精益求精，以期在培训现场营造出最优的课堂氛围。

（1）课堂音乐的准备

许多企业培训专家会预先准备一段积极、快节奏的歌曲或音乐，在培训正式开始前播放，通过积极向上的音乐对受训者产生感染力，快速将受训者带入学习情境中，营造良好的课堂氛围。

（2）课堂光线设计

许多培训者为了能够使投影设备良好运行，常常把培训室里的自然光线遮得严严实实。但在这样一个沉闷阴暗的环境中，受训者的精神很容易受到负面影响，学习效果也自然会大打折扣。因此，在企业培训的前期准备阶段，培训者应当预先考察培训课堂的实际场地和教学设备的运行情况，有选择地接受和遮蔽部分自然光线，让受训者在自然光的感染下感到轻松、愉悦。

（3）场地色彩设计

培训场地的主打色彩也是企业培训效果的重要影响因素之一。通常来说，企业培训现场使用过于绚烂或阴暗的色彩，前者容易分散受训者的注意力，后者容易打压受训者的学习积极性。所以应当使用柔和的冷暖色调搭配来布置课堂现场。

（4）标语横幅的张挂

有些培训者会在培训现场预先张挂一些标语横幅，以起到提醒、激励受训者的作用。在选择标语横幅的内容时，为了达到更好的提示效果，通常以

简洁、有力、押韵为宜，切忌长篇大论，不知所云。

除了上述为了营造良好的企业培训氛围而做的"硬件"准备之外，培训者还应当预先准备一些调节课堂氛围的"软性"技巧，比如，与培训内容相关的一些小故事、小笑话、小游戏等。在培训陷入低谷时，企业培训者如果能够恰当地抛出这些预先准备的"小段落"，往往能快速发挥作用，及时扭转课堂的消极氛围。

四、主体准备：不同的人应做好不同的准备

不论企业培训的系统多么复杂，也不论企业培训解决的问题有多大的差异，企业培训归根结底是围绕"人"展开的活动，"人"（企业培训的受训者和培训者）也始终是企业培训活动的绝对主体。因此，在企业培训的前期一定少不了围绕培训主体展开的准备工作。

1. 让企业培训的受训者做好准备

作为企业培训的重要参与者，受训者是企业培训当之无愧的培训主体之一，因此企业培训前期准备阶段中有很重要的一部分工作要围绕这一部分人群展开。具体来说，要让受训者做好准备，就需要培训者与培训管理者在培训正式开始前做好企业培训协调工作、通知工作、学习资料发放工作和受训者的分组工作。

（1）企业培训协调工作

企业培训协调工作，是指针对企业培训进行的时间、场地、课程安排的具体内容，由企业培训管理者、企业培训者与受训者进行前期沟通，协调双方意愿，努力达成最优的安排计划。许多企业在进行企业培训时忽视了企业培训的前期协调工作，导致在企业培训真正进行时，受训者因为时间安排不开而错过培训内容，或因培训场地距离过远疲于奔波而影响了培训效果，同

时也会给企业造成不必要的损失。

（2）企业培训通知工作

企业培训通知工作，是指在完成企业培训协调工作后，企业培训管理者对受训者正式发出关于企业培训时间、地点、课程安排等培训基本信息通知的工作环节。为了确保受训者能接收到通知，通常需要企业培训的管理者除在企业公告栏处张贴通知外，还需采用邮件、微信、QQ、电话等多种手段同步通知。

（3）企业培训资料的发放工作

企业培训资料的发放工作应在企业培训的准备阶段提前完成。预先发放企业培训资料，不仅能避免正式培训时间被占用，也能让受训者提前了解培训的具体内容，做好受训准备。在一些专业性较强或互动性较强的企业培训开展前期，企业培训的培训者还会给受训者布置一定的准备、预习工作，以提高企业培训的课堂授课质量。

（4）受训者的分组工作

受训者的分组工作环节主要是为团队型、互动型企业培训项目准备的。提前将受训者按课堂需要进行分组，不仅有利于同团队受训者之间的相互了解，也能有效减少课堂上因分组、组员相互熟悉而造成的课堂时间浪费。

2. 让企业培训的培训者做好准备

相比于企业培训受训者所要做的准备，企业培训的培训者显然要承担更加复杂的前期准备任务。培训者主要的准备任务可分为课程准备和技巧准备两大类别。所谓课程准备，主要包括课前作业或调查问卷的准备工作、培训教案与课件准备工作、课后测试题及作业准备工作三个部分。

（1）课前作业或调查问卷准备工作

为了达到更好的培训效果，在企业培训开始之初，培训师就需要对受训者的基本情况有所了解。而这正是培训者进行课前作业或调查问卷准备工作的主要目的之一。

另外，这些课前作业或调查问卷需要受训者在培训开始前做好并上交给培训者，这样也可以帮助学员预习课程内容，让其带着问题参与课堂学习。

培训者在准备课前作业或调查问卷时需要注意，所准备的问题不宜过多、过难，否则容易打击受训者的学习信心和积极性。同时，这一部分的准备工作并非不可或缺的关键环节，培训者应当根据自己的培训习惯以及培训计划自主选择和设计。

（2）培训教案与课件准备工作

培训教案和课件的准备工作是企业培训者前期准备工作的重点。这一部分准备工作是否翔实、充分，将直接决定课堂节奏和效果。因此，企业培训者应当为这部分工作预留出充足的准备时间，许多有经验的企业培训者往往会提前半个月甚至更早就开始着手准备。

另外，企业培训者还应当注意，要尽可能把准备工作落实到教案、课件等"纸面"上来，仅仅靠口头或头脑中形成的备课思路是远远不够的；只有形成实际的课程课件、课程大纲、教学教案，才能真正在课堂授课时发挥出实际的效果。

对于企业培训的管理者来说，也应格外重视培训者这一阶段的准备工作，及时监督和催讨其课程课件、教学大纲等资料，并认真核查，从培训目标、课程设计、预计效果等多个方面进行审批。只有最终被审核通过的课程设计方案，才能被允许走进企业培训的实际课堂。

（3）课后测试题及作业准备工作

课后测试题和作业的准备工作，需要培训者预先完成。课后测试题和作业是企业培训内容的一部分，其形式和内容都应当与企业培训的课程实施方案相匹配。因此，在进行培训教案和课件准备的同时，企业培训者就应当完成相对应的课后测试题和作业准备。同时，企业培训者和企业培训管理者还应当就课后测试的具体实施时间、方法等提前达成一致意见，为企业培训的管理者具体负责课后测试的安排、协调工作预留时间。

3. 培训者应掌握的企业培训技巧

除课程准备外，企业培训的培训者还必须对企业培训的常见技巧有充分了解和把握。在这里，我们着重介绍三种企业培训常用的教学技巧。

（1）巧妙激活"前概念"，有效固着新知识

企业培训的受训者作为已有一定工作经验的成年人，头脑中已经预先储存了一系列与即将要学习的新知识相关的"前概念"。这些"前概念"可能成为企业培训新知识的基础知识，对受训者接受新知识发挥着积极的引导作用。但这些"前概念"也有可能是与企业培训新知识相矛盾的"旧概念"，对受训者的学习起着顽固的阻碍作用。面对这样客观的受训背景，培训者是不可能将受训者变回"一张白纸"的，因此就需要培训者循循善诱，通过提问、组织讨论、提供案例等多种方式有意识地创设学习情境，让受训者自然而然地融入其中，主动将新知识建立在已有知识上，并在新旧知识之间形成联结，在头脑中建构起牢固的新知识体系。

（2）搭建知识体系比单纯强化记忆更有效

许多培训者在授课时会反复强调重要的知识点，希望通过重复强调加深受训者的记忆，但往往效果不佳；而另外一些培训者虽然给受训者讲述重点知识的次数不多，却能给受训者留下深刻的印象。其中的差别就在于后者传递给受训者的往往并不是零散的知识点，而是系统化、体系化的知识架构。这就启示企业培训者应当有意识地对零散的知识点系统化，从而加深受训者对知识的印象和理解。

（3）动手比动笔更有效

现代企业培训越来越重视激发受训者的主动意识，强调培训者积极引导受训者进行实践操作。研究证明，"亲历知识现场"比单纯的理论学习更有效。因此，培训者在授课过程中应当重视练习和实操环节，尽可能为受训者

设置更多的"动手环节"。

五、课程准备：基于目标巧妙设计培训课程体系

课程体系设计可以说是企业培训准备阶段最为关键和复杂的部分。许多企业培训的管理者和培训者认为课程设计完全是培训者自己的事情，培训者只需要根据管理者指定的课程体系执行培训就可以了。这种想法其实是非常错误的，它完全低估了企业培训中课程体系设计的重要性和复杂度。

1. 设立立体的课程培训体系

所谓企业培训课程体系，是指为实现具体的企业培训目标而设计的培训内容的总和，它具体包含了课程基点、课程目标、课程内容、课程执行和课程评价等要素，如表3-1所示。

表3-1　企业培训课程体系的要素说明

体系要素	要素说明
课程基点	培训的课程设计要基于企业的理想能力需要与受训者的现实能力状况之间的差异性，也就是要基于企业的培训需求
课程目标	是指在课程基点的基础上具体化了的企业培训效果期望
课程内容	对企业培训的授课内容的具体规定
课程执行	要求企业培训课程体系根据授课内容和受训者的特点，制订符合实际情况和课程目标的、切实可行的课程执行计划
课程评价	在授课进程中与授课结束后对课程进行评估的具体办法

（1）设计课程体系的三个维度

一个好的企业培训课程体系除了"完整"，还要争取"立体"。而一个立体的课程培训体系设计要同时覆盖时间、职位、内容三个不同的维度。

①时间维度，要求企业培训的课程体系对于受训者的职业生涯有所把握，受训者是处于新入职、职业生涯早期、职业生涯中期还是职业生涯后期，要

根据受训者所处职业生涯的不同时间段设计有针对性的企业培训课程。

②职位维度，要求企业培训的课程体系对于受训者的不同职业位置有所把握，即企业培训应当针对受训者在企业中所处的职业层级和具体的岗位职能来设计企业培训课程。

③内容维度，要求企业培训的课程体系对培训的具体内容类型有所把握，即企业培训应当根据基础素养、专业素养、管理素养等方面的不同内容而区别设计企业培训课程。

（2）企业培训课程体系的设计过程

具体来说，企业培训课程体系的设计过程可以归纳为立项、制订培训教学大纲、编写企业培训所需的教材、资料以及试讲四个步骤：

①立项。培训机构或企业中的培训管理部门根据企业自身发展的需要，对比企业现实的能力情况，提出设计和开发培训课程的项目建议书。项目建议书的主要内容应包括培训课程的名称、适合的人员、培训的目标、市场的需要和发展前景、需要配置的资源等。在立项过程进行时，企业培训的课程设计者必须对企业的需求与情况、学员的需求与情况、企业培训的资源情况等进行充分的调查与分析，以确保所立之项目既是真正有针对性、有迫切性的，又是切实可行的。另外，项目建议书完成后一般需要提交企业的管理部门进行审批。

②制订培训教学大纲。大纲的主要内容应当包括企业培训的具体目标、范围、内容、学时、考核方法、需要配置的资源等。设定企业培训的具体目标是指设定企业培训教学大纲，具体操作时需要注意以下五点：一是紧贴需求，即培训目标的设定要与培训需求紧密贴合，力求体现培训目的；二是目标适度，即不要过分期望通过一次培训解决所有企业问题，而要有针对性、有可行性；三是表达准确，即课程目标的表述应当做到精确、专业，避免产生不必要的歧义，影响后续课程设计；四是目标简化，即将目标尽量简化，避免目标过多、过于分散；五是目标定量，即对于技术、能力类课程，其目

标在设定时应尽量使用量化的语言叙述，以充分展现、说明培训的最终预期效果。

③编写企业培训所需的教材、资料。教材、资料对于培训的重要作用不言而喻，但由于企业培训的特殊性，常常无法使用市面上现成的企业培训教材。不同的企业需求不同，企业培训的内容也就不同，因此，为了达到更好的企业培训效果，常常需要培训者自己根据培训目标、课程安排编写适合企业需求的教材、资料。这一步是企业培训课程准备的中坚阶段，通常需要企业培训者投入大量的时间和精力，因此应当早做准备。

④试讲。通过试讲，企业培训的管理者和培训者往往能发现许多在课程计划阶段没有预料到的问题，因此试讲环节应当是企业培训课程设计过程中不可缺少的一个环节。

2. 基于培训目标的课程设计

根据企业培训目标的不同，企业培训的形式也需要有所差异。因此，企业培训管理者和培训者在设计企业培训课程时，还要灵活选择适合自身的课程种类。一般来说，根据课程设计的中心不同，常见的课程设计可分为以知识技能为中心的课程设计、以受训者为中心的课程设计以及以解决问题为中心的课程设计。

（1）以知识技能为中心的课程设计

以知识技能为中心的课程设计，考虑的中心在于知识技能的讲解、传授，整个企业培训的课程设计将围绕培训的具体知识技能由浅入深自然展开。这类课程设计更适合以专业技能、知识的提高为目的的企业培训，它以课程内容本身的结构作为课程设计的基础，而其他课程成分对课程的组织、设计影响不大。

以知识技能为中心的课程设计，是相对传统的企业培训课程设计方式，逻辑顺畅、内容简洁，在设计时容易进行，在实施时也相对简单和易于把控，并且在课程结束后通常易于检验。但这种课程设计需要设计者是相关知识技术领域的专业人士，对知识技术内容、结构有绝对的把握，能深入浅出地将其转述、传递给受训者。另外，这种课程设计失于灵活性，在具体的授课过程中很容易造成相对沉闷的课堂氛围，往往不利于激发受训者的学习热情。

（2）以受训者为中心的课程设计

以受训者为中心的课程设计是近年来追求"人本"思想的体现，它强调重视受训者的独特性，要求企业培训课程的组织、设计紧紧围绕受训者的需求、兴趣展开，区别于传统的课程设计以"知识讲授"为重点，以受训者为中心的课程设计通常以丰富有趣的"活动"为关键的课程内容，以"经验"代替"知识"，以"自主习得"代替"被动传授"。

以受训者为中心的课程设计其优点是显而易见的，它更能活跃课堂氛围，更容易激发受训者的学习热情和主动性，从而能获得更好的企业培训效果。但在具体的操作中，以受训者为中心的课程设计难度较大，它不仅需要企业培训的培训者对所有传递的知识、技能有深入的理解和把握，还需要培训者对受训者的基本情况、基本心理有敏锐的洞察力，更需要培训者熟练掌握活动组织、控制等方面的课堂教育技巧。若培训者不能胜任这些工作，培训很可能陷入混乱，培训效果也就无从谈起了。

（3）以解决问题为中心的课程设计

以解决问题为中心的课程设计，不再以具体的知识或其延伸——经验的获取为企业培训目的，而是要通过企业培训解决具体的企业问题或培养受训者解决某一类问题的能力。与以受训者为中心的课程设计相类似，在以解决问题为中心的课程设计中也难觅系统化、理论化知识的踪影，而是用一个个被精心选择和设计过的、有代表性的活动或案例构成培训课堂的主体。

因此，与以受训者为中心的课堂设计一样，以解决问题为中心的课程设计同样对培训者有着较高的要求，一旦培训者不能很好地控制课堂节奏，一切课程设计都有可能功亏一篑。同时，因为以解决问题为中心的课程设计比以受训者为中心的课堂设计更具有针对性，所以其受众的范围也相对更窄，通常以企业中的管理人员为其主要的目标受众。这也就意味着，当受训者人数较多时或培训知识性内容较多时，以解决问题为中心的课程设计就不合适了。

但不论采用哪一种类型的课程设计方案，在进行课程设计时都要遵循"从简单到复杂""从一般到特殊"以及"从特殊到一般"的基本原则，如表3-2所示。

表3-2　课程设计的基本原则

基本原则	原则说明
从简单到复杂	这一原则是一切培训课程设计最基本的原则，它与人类的认识习惯相符合，从浅入深、由简到难的课程设计更容易被受训者接受
从一般到特殊	这一原则尤其强调培训知识的实践应用，所传授的知识、技能往往具有通用性，属于"一般"的范畴；而工作的现实实践常常要面对各种各样的具体情境，每一个情境都具有"特殊性"，从一般到特殊就要求培训者在课堂设计中将理论知识与现实实践衔接好，以保证培训的现实价值
从特殊到一般	这一原则更适用于"以受训者为中心的课程设计"和"以解决问题为中心的课程设计"这两种以"活动"为课堂重点的课程设计模式，它强调培训者对于课堂上具有特殊性的"活动""案例"要进行经验总结，要引导受训者从体验感受中形成系统化的理论认识

3. 选择适宜的培训课程开发方式

在选择培训课程时，需要根据培训课程的特点、企业内部资源条件与能力来确定。一般而言，企业可以选择外部引进课程、内部自主开发两种方式。

（1）外部引进课程与内部独立开发课程的优劣势分析

对于企业而言，是由外部引进课程还是内部独立开发课程，哪个选择更好？关于这个问题并无定论——因为任何一种方式都存在一定的利弊。企业必须根据自身的当下需求来判断哪一种方式更适合。

一套完善的企业培训课程体系必然是结构化程度高、贴近具体需求、具有可延伸性、易于使用的。因此，如果企业考虑从外部引进培训课程，就需要先行决定"是直接购买、直接使用，还是对课程进行改进，以契合企业实际情况与具体需求"；如果企业考虑自主开发培训课程，就需要确认课程开发人员，以及各人员的职责分配，并按照一定的程序和方法来开发一套真正适合企业发展的优质课程。

（2）外部课程的有效甄选

如果企业决定从外部引进课程，那么可以从以下几个方面进行全面的考察与研究，以从各类数目繁多的培训课程中选出企业真正需要的课程内容。

①理论严谨性。课程理论框架必须具备严谨的逻辑性，这对企业培训具有极大的指导价值。可以说，如果课程是在极具前瞻性的理论水平指导下开发和设计的，那么这种课程对于引导企业预测未来发展趋势是大有助益的。如果课程的理论框架尚未经过市场的检验，便仓促地应用于实践，那么很容易造成理论与现实脱节的情况。

②内容适用性。在当下的培训市场上，培训机构都注意到企业非常重视课程和讲师的适用性。于是，他们在宣传课程时，会特别强调课程的落地性（而事实并非如此）。因此，企业必须立足于自身需求，详细分析这些课程，再决定去选择什么样的课程。

③实践应用性。员工培训课程最终要能够应用到实际工作中，方称得上实现了培训。如果课程内容的理论过深，内容难以理解，那么往往很难得到应用。因此，好的培训课程必然还会匹配对应的工具方法，从而提高实践应用性。

④课程更新性。在知识经济时代，企业在甄选培训课程时必须全面了解课程产品开发和上市的周期，以确保课程内容能够紧跟知识更新的速度。

⑤采购费用适宜性。通常，通过外部采购的培训课程主要有两类：一类

是标准课程，另一类是定制课程。标准课程通常选择外部培训机构的金牌课程。需要注意的是，好的标准课程通常是由若干模块构成，可以根据企业需求进行模块调整，并由此构成企业所需课程。而定制课程是培训机构切实针对企业具体细化的需求来制订的课程。定制课程宜选择实力雄厚的、在专业领域上具有一定权威性的培训公司来设计，不过定制课程的费用也相对较高。

（3）内部课程的自主开发

企业内部自主开发的课程往往是来自企业自身的经验教训，是企业内部人员在工作实践中持续摸索而总结出的经验智慧。对于受训者而言，这种内容真实的课程会让人倍感亲切，能够使受训者更深刻地记住并能更好地应用于实践。而对企业来讲，这些课程往往能带来员工技能的提高，因此越来越多的企业都非常注重固化内部员工的智慧，研发企业内部培训课程，进而建立企业独特的知识管理体系。

英特尔公司是世界上技术先进的芯片制造商，它的研发小组人员发现，在加速新产品开发速度的过程中，60%以上的技术问题在别的小组的试验中早已遇到过，并得到了有效的解决。这个现实情况给英特尔以启发，并因此建立了"最好方法资料库"，让每个人都能在资料库里分享自己的经验和学习其他人的经验。这在很大程度上降低了问题重复出现的频率，新产品设计与产出的速率也大幅提高。

因此，如果培训课程是涉及企业核心能力的、企业所独有的，以及与企业生产经营有密切关系的知识、技能，企业宜选择自主开发培训课程的方式。比如，企业文化类课程、管理流程类课程、核心业务类课程等，自主开发的优势很明显，这类课程往往具有持久性、不易仿制性、企业独有性等特征，只有通过积累性学习才能获得。企业自主开发培训课程所需周期较长，成本也较高。

如果企业考虑自主开发培训课程，不妨先自问几个问题：为什么要开发培训课程？开发课程的目的是什么？能够带来什么价值？是不是必须通过自主开发的形式获得课程？开发课程最合适的时间点是什么时候？由谁来组织或负责开发课程比较合适？在开发一门课程之前，这些问题必须有明确的答案。

经实践验证，对于那些市场成熟度低的课程，尤其是技能类的课程，选择内部开发不失为一种好的方式。而对于那些市场成熟度高、性价比高的课程，可以考虑引进现成的课程，只要提前与授课讲师充分沟通企业的实际情况，并进行有针对性的分析，就能增加授课内容的实用性。

第四章

过程设计：以完美的培训过程，确保培训的顺利推进

企业培训的过程是否完美直接决定了企业培训的成败。从最初的目的设计到课堂进行，再到最后的固化总结——这整个过程都需要完美的设计，如此才能保证企业培训能够顺利推进，取得满意的效果。

许多企业培训者在进行企业培训过程设计时，常常陷入这样的误区：单纯把培训过程看作一个完整的阶段，忽视了对其中环环相扣的各个阶段和细节加以深入分析与把控。而对于一次成功的企业培训来说，这些融入培训整体中的各个阶段与关键细节，才是影响培训效果的关键所在。

一、规划流畅的培训实施过程，力求环环相扣

所谓企业培训规划，是指以全方位提高公司员工的综合素质和业务能力为目的，结合企业的发展规划和员工工作过程中出现的各种问题，从而为员工学习和成长设定、安排的职能性计划。想要通过切实可行的企业培训为企业发展带来明显效益，企业就必须从根本上重视培训规划。浮于程序，将企业培训规划简单地当作文案整理工作，这些都是企业在进行培训规划工作时常常出现的问题。

1. 环环相扣，搭建流畅的企业培训规划

优秀的企业培训规划与实施过程，一定是环环相扣的。

以英特尔公司成功的新员工培训体系为例：英特尔公司新入职的员工在上班的第一天首先接受的是"常识培训"，即通过培训了解各部门的规章制度、工作流程等；接着，部门经理会为新员工分配一个"伙伴"，也就是通过"以老带新"的方式让新员工快速融入工作环境；其次，英特尔公司会针对每个员工的职位特点制订一份详细的培训计划，清晰设定新员工在入职每周、每月要学习的课程与不同阶段预计达到的能力目标；最后，公司会在整个培训过程中随时对新员工培训情况进行追踪，并在培训结束后，有意安排一对一会议，让新员工在与高层领导、重要客户的面谈中展示和应用学习到的内容。

在上述英特尔公司的培训案例中，我们能清晰地看到一个完整、严密、流畅且循序渐进的企业培训规划：入职第一天的"常识培训"以最简单有效的培训方式让新员工快速了解和接受企业的制度与工作流程，完成了与企业的"同化"基础；"以老带新"则能有效打破新入职员工对新企业环境的陌生感，帮助新员工建立起对企业的归属感；之后更加详细的培训过程则高效完成了企业对新员工工作能力的塑造；最后对学习情况的跟踪与工作实践的设

计，则完成了对企业培训内容的固化。

由此，我们也能总结出企业进行培训规划的四大步骤：系统分析培训需求、制订培训课程方案、完善培训方式、制订培训成果固化和监督方案。

（1）系统分析培训需求

系统分析培训需求，是进行企业培训规划的第一步和最关键的一步，作为整个培训规划设计的基础，它决定了企业培训的基本导向和具体内容。在分析培训需求时，我们要格外关注其真实性和系统性。

真实性，是指只有当需求是真实的时，人们围绕需求设计的企业培训规划才能是可行与有效的，否则只能造成企业人力与财力的浪费。而需求分析的系统性则常常被企业培训管理者忽视。企业培训需求往往不是单一的，它具有企业、部门、员工等不同层次的需求，有时候甚至还要兼顾企业短期的发展需求和长期的发展需求。因此，进行真实、系统的培训需求分析是制订企业培训规划的第一步。

（2）制订培训课程方案

制订培训课程方案，是企业培训规划中的关键内容，这一部分内容的缺失将直接导致企业培训无从进行。虽然几乎所有企业在进行企业培训时都会预先制订企业培训的课程方案，但大多数企业却都很容易忽视课程方案的针对性与阶段性特点。

很多企业在进行企业培训课程方案设计时为了图省事，直接照搬其他企业成功的课程内容或长期沿用企业以往培训的课程内容，这是导致培训课程缺乏针对性最常见的原因。面对不同的培训目的和不同的受训者，同样的课程往往会起到截然不同的效果，因此我们在进行企业培训课程方案设计时必须做到区别化和有针对性。而课程设计的阶段性是更容易在制订培训课程方案时被忽视的一点。企业培训想要取得理想的效果，课程设计就必须要遵循人的认识规律，循序渐进地推进。

（3）完善培训方式

完善培训方式，是企业培训规划中不可缺少的环节。好的培训方式是锦上添花，能有效提高企业培训的效果。完善培训方式一般指在企业培训规划时对培训者和教学方式的比较和筛选。

培训者直接面对受训者，作为培训的关键执行者，需要具有较高的知识储备和表达能力。通常来说，培训者要么是专业的培训讲师，要么是企业中经验丰富的精英骨干，前者胜在授课经验丰富，后者胜在亲切专业，要根据企业培训的具体需要进行选择。另外，不同的教学方式往往针对不同的授课环境和不同的培训要求，我们在进行企业培训规划时也要根据具体情况来选择。

（4）制订培训成果固化和监督方案

制订培训成果固化和监督方案，是保障企业培训效果的有效手段，但这一点却很容易在做企业培训规划时被忽略。许多企业培训管理者都曾遇到过这样的困境：课程内容、教学方式都很优秀，员工学习后反馈也非常积极，但在培训结束后对员工绩效的实际影响却很有限。其实这种困境产生的原因往往就在于企业在做培训规划时缺失了有效的培训成果固化和监督方案。

2. 完美的企业培训规划要做到四大关键点

了解了企业进行培训规划的四大步骤，并不等于就能做出完美的企业培训规划。一个好的企业培训规划还需要深入实现四大关键点：企业培训规划需要各部门群策群力；企业培训规划负责人必须具备六大素质；充分把握企业发展战略与运营现状；充分深化和推行企业的培训管理和内训体系。

（1）企业培训规划需要各部门群策群力

企业培训规划落实到部门，这是企业培训规划的第一大关键点。在参与企业培训规划的部门中，人力资源部门为首要部门，是企业培训规划制订和实施的主力。为了保证企业培训规划的顺利进行，人力资源部门内部应当建立起明确的分工与责任制，保证培训规划工作每一步骤的执行都能得到充分的落实。企业培训规划落实到部门，还需要除人力资源部门外的众多其他相关部门的有效参与。在很多企业看来，企业培训规划是人力资源部门自己的事，其他部门不用参与，只要培训时按时出席，认真学习就够了。

事实上，企业培训规划的制订，切忌让企业人力资源部门闭门造车。培训规划部门必须对企业的发展规划与现状有深入的了解，也需要对企业各岗位的技能需求有深入的了解。这是一项复杂的系统工作，不是人力资源部门能够独立完成的，而是需要发动企业全体员工的力量，听取不同层次企业人员的意见，甚至需要让各部门负责人和企业高层领导充分参与进来。

具体来说，一个完善的企业培训规划，首先需要企业的人力资源培训专员和主管将各部门的培训需求进行汇总和分析，进而确认出具体的培训主题；然后由企业人力资源最高负责人对培训规划的有效性、针对性、系统性以及可行性进行把关；再由企业各部门负责人批准或直接拟订本部门的培训规划方案；最终由企业高层领导从企业发展更高层面对规划工作提出建设性意见并进行最终把控。

（2）企业培训规划负责人必须具备六大素质

企业培训规划负责人作为企业培训规划的主导人员，必须具备六个方面的素质：了解企业的发展历程和发展战略，熟悉企业的文化；了解培训行业，熟悉一定数量的培训公司和培训讲师；掌握企业培训需求调查的方法，熟悉企业各部门的基本情况；掌握培训预算管理方法；掌握培训成果固化和评估的主要方法；掌握营造良好培训氛围的方法。

企业培训规划的负责人只有对企业自身基本情况和培训行业基本情况两个方面都有一定的了解，才能有针对性地并且专业地制订企业培训规划方案；只有掌握企业培训需求调查、预算管理、成果固化与评估、营造良好氛围等培训的具体方法，才能科学地把控企业培训规划设计的全过程。

（3）充分把握企业发展战略与运营现状

在第二大关键点——企业培训规划负责人须具备六大素质中，已经提到企业培训规划负责人需要了解企业的发展历程与战略，熟悉企业文化，但这仅仅是从个人和"了解"的层面提出要求。而第三大关键点则要求企业培训团队系统地、全面地对企业发展战略和运营现状做出评估和把握。

通常来说，企业培训规划的实施团队或部门需要花费一周甚至更长的时间和企业的高层管理者、技术团队、营销团队等多部门进行沟通、调研，真实系统地掌握企业的发展战略和经营现状，发现企业发展供能不足的薄弱环节，并商讨出有针对性并且合理可行的培训办法。

（4）充分深化和推行企业的培训管理和内训体系

企业在进行培训规划设计时，切忌将培训规划做成培训课程的简单罗列，而要认识到企业培训规划是针对企业培训所设计的一种深入的、科学的管理方案。因此，良好的企业培训规划必然是要与企业的培训制度、课程设计、效果固化和效果评估等一系列企业培训的必备环节紧密联系在一起的。

另外，在做到这一点的基础上，企业培训管理者还可以根据企业自身的具体情况，尝试在企业内部建立符合企业自身条件要求的内训培训管理体系，打造自己的培训队伍，这样既能让企业培训更加符合企业的自身需求，也能为企业培训的持续进行提供长期保证。

二、基于两大角色特征，做好培训重点环节控制

在企业培训过程中，培训者和受训者是最主要的角色，由培训者和受训者构成的课堂也是整场企业培训中的重点环节和培训设计中的重中之重。值得注意的是，随着现代通信技术和教学方法的不断进步，传统的培训课堂不断得到延伸，由单纯的面对面授课形式逐渐向线上教学、社群答疑等多种现代化交流方式拓展，企业培训的重点管控环节范围也因此进一步扩大。对于

这点变化，现代企业培训在进行培训过程设计时应与现代新的培训技术和新的教学方法相适应。

1.基于培训者角色特征，做好培训重点环节控制

企业培训中的培训者也往往被称为培训讲师，指那些能够根据市场发展情况和企业自身需要，运用现代化企业培训理念和手段，策划和传授企业培训内容，担负企业培训讲授职能的人员。一般来说，企业培训讲师需要具备一定类别内的、充分的专业技能或知识，熟练掌握企业培训的实施方法和最新的培训手段，并且具备较强的表达能力和应变能力。同样的课程内容，不同的培训者很有可能创造出不同的培训效果，一个好的培训者也往往能给培训带来出乎意料的良好效果。

在进行企业培训过程设计时，要格外注重培训者的选择，切忌选择以下四类培训者。

（1）切忌选择不得体的培训者

培训者必须具有一定的权威性，才能让受训者产生信赖感，愿意倾听和学习培训者传授的课程内容，跟随培训者的引导进行思考和讨论。由于培训的阶段性特点，受训者与培训者接触时间往往不会太长，一旦受训者认为培训者表现不够得体，对其产生鄙夷心理，培训效果就将无从谈起。

具体来说，培训者不得体的行为往往表现为以下几个方面：衣着不得体，言语不得体，教学方式不得体。

首先，培训者的衣着不仅最直观地体现着他的身份、品位，还在很大程度上代表着培训者的专业度和对培训的态度。衣着过于随便，很容易给受训者留下该培训者不够专业或者"应付差事"的不良印象。在进行培训时，培训者最宜穿着职业装，并且应当注意衣着的整洁干净，避免穿短裤、无袖上衣等过于休闲的服饰。男讲师应格外注意自己的头发，胡须不宜过长，领带、皮鞋配色低调；女讲师则要注意自己的妆容清新，配饰简洁。

其次，言语上的不得体，包括普通话不标准，用语粗俗肤浅，语言表达不流畅和肢体语言不得体等。一口流利的普通话应当是培训讲师的标配，只有使用普通话才能最大限度地减少教学过程中的语言障碍，降低交流成本。此外，有不少培训师喜欢在课堂上使用一些粗俗俚语，自认为风趣幽默，但事实上很容易造成学员对讲师专业性的质疑，产生不良影响，甚至个别情况下还会造成冲突矛盾。还有些讲师在讲课时习惯大量重复使用"对不对""是吧""嗯""然后"等口语词，大幅降低了培训的授课效率与效果。另外，讲师的肢体语言也是需要注意的，太过拘谨或者太过随意都是不够得体的。

最后，教学方式上的不得体，主要指讲师在授课过程中过于煽情，或开过于密集的玩笑，或当众批评学员等。许多讲师喜欢用煽情的方式打动学员、感染学员，这种方式的确能快速活跃现场气氛，但切忌滥用。另外一些讲师喜欢在教学过程中穿插一些故事和笑话，但如果故事和笑话过多，则容易喧宾夺主，影响课堂效率，而且一些低俗的笑话更不适合出现在培训的课堂上。还有一些讲师习惯当众对学员的行为或看法提出批评，这也是不得体的。企业培训的受训者多为同一企业的成年人，自尊心和面子意识一般较强，当众批评很容易激起学员的抵触心理。

（2）切忌选择故弄玄虚的培训者

企业培训以收获学员的学习成果为目的，并不是培训者卖弄学问、展示口才的平台。一些培训者喜欢引入高深的科学理论或实验数据，在授课过程中"掉书袋"，想体现自己的高水准，看似高深莫测，其实故弄玄虚，这是很不可取的。另外一些培训者喜欢在培训过程中大量引入自己的职业经验，自吹自擂，也是不值得提倡的。还有部分培训者喜欢自我发挥，常常弃设计好的课程内容、节奏于不顾，想到哪里就讲到哪里，虽然口若悬河，甚至常常拖堂，但也因此打乱了原定的整体培训计划，造成整个培训环节的失调，常常导致企业培训无法达到预期的目标。

（3）切忌选择照本宣科的培训者

之所以选择培训者对学员进行讲授，而非分发材料让学员自己学习，就是因为培训者能帮助学员深刻领悟学习材料，提高培训的整体效率。因此，培训者应当避免照本宣科，在讲课过程中要积极发挥，明确课程目的，起到突出培训主题和解答学员困惑的作用。另外，照本宣科的培训方式还往往容易引起学员的反感，难以达到培训的良好效果。

（4）切忌选择使用填鸭式教学方法的培训者

大量有关企业培训的科学研究成果都证明了，以往填鸭式的培训方法能产生的培训效果十分有限；现代企业培训强调互动性、趣味性，只有综合运用多种培训手段，积极调动企业受训者的积极性和参与度才有可能取得良好的培训效果。

因此，优秀的企业培训者应当善于调节课堂氛围，切忌让课堂气氛死气沉沉，避免讲授内容枯燥乏味等问题；同时，优秀的企业培训者还应当善用现代化的教学和交流方式，在线上、社群等多渠道中密切与学员的关系，以求及时有效地解决学员学习过程中遇到的困难。

2. 基于受训者的角色特征，做好培训重点环节控制

企业培训的受训者是指接受企业培训的单位或个人。作为企业培训的实际参与者，他们对企业培训的接受程度直接决定了企业培训的效果。因此，对受训者进行角色特征分析，应当是做好培训重点环节控制的重要一环。

企业培训受训者是企业培训的受益者和需求方，只有在培训开展的前期对这些受训者的培训需求与培训心理有充分的了解，才能保证企业培训能够在后期顺利进行。企业培训的受训者往往因为来自企业的不同阶层，而对企业培训的态度和期望有所不同。

（1）企业所有阶层与培训需求

企业的老板和股东作为企业的所有阶层，把握着企业发展的战略方向，对企业的运营和发展往往有更加宏观和长远的看法。他们一般更期望通过企业培训为企业的长期发展发现和储备人才；另外他们往往对企业培训在传递企业文化、打造企业氛围等方面的作用更感兴趣。同时，作为企业的掌舵人，企业老板和股东自身的培训需要与兴趣则主要集中在企业管理和发展规划的科学方法方面的培训上。

（2）企业管理阶层与培训需求

包括总经理、部门经理在内的管理阶层，是企业发展的中坚力量和企业管理的重要力量。由于自身的职责所在，他们通常更关注团队的工作效率和目标实现能力。因此，他们通常期望企业培训能够有效提高员工的技术能力、工作熟练程度和工作效率；同时他们往往还期待企业培训能够提高基层员工的职业态度和工作责任感，从而降低人才的流失率。而对于自己的培训，他们一方面期望能通过企业培训提高自己的管理能力，另一方面也希望能通过接受企业培训获得更好的职业发展机会。

（3）基层与培训需求

对于企业中的广大基层员工来说，能够通过企业培训获得技能学习机会，掌握更多知识和能力，为职业发展的上升道路打下基础，因此基层员工也普遍对于企业培训抱有期望。另外，他们往往容易对于不能直接对其职业发展起促进作用的企业制度培训、企业文化培训等产生一定的消极、抵触情绪。面对企业中不同阶层人员提出的企业培训要求和企业培训需求，我们在设计企业培训内容时要有所差异，有所针对，做到有的放矢。

另外，面对受训者其他方面的差异，往往也需要采取不同的培训方案。比如对新员工进行培训，企业培训的内容往往以"是什么"为主，讲授企业的各项制度、工作流程、操作过程等；对企业老员工的培训，则更强调以"为什么"为主要内容，培训企业文化，沟通企业管理方法等。

三、开展交互式培训，打造积极愉悦的培训氛围

近年来，在消费领域最热的新词是"体验式消费"，而在培训领域里，我们也在逐渐摸索和倡导"体验式培训"。这种培训方式强调培训者与受训者的交互，努力营造积极愉悦的培训氛围，这种培训方式被验证能达到更好的学习效果。

1. 以交互式培训模式，匹配受训者的学习规律

理解交互式培训模式前，我们先来分析一下与之相对应的传统培训模式。传统培训模式一般也被称为说教式培训模式，往往是指培训者以演讲或授课的方式将培训的内容传达给受训者。这种培训模式的学习成果往往仅限于学识范围，对于强调实际操作的技能性知识有一定的局限性。因此，有学者将这种教学方法比喻为"杯与壶"，培训者是承载了理论知识的"壶"，而受训者则是等待被充实的"杯"。显然，在这种培训过程中，受训者处于绝对的被动状态，难以对所学内容产生主动性的思维与认识，也因此难以主动将所学习的知识转化为自己的行动。

而交互式培训则致力于一种与传统培训方式截然不同的教学模式，它通过培训者与受训者的密切互动，将受训者在思维、认识、行动等多个方面牵引进学习的全过程中。在这样的学习过程中，受训者往往容易产生积极的学习情绪，并配合以主动的思考和交流欲望，同时学习的成果也更容易体现在受训者后来的态度与行为改变上。

在校园教学中，考虑到未成年人的学习规律、学习特性和教学内容的理论性，往往采用传统的培训模式；但针对成年人以技能和实操为主要培训目的的教学，交互式培训往往显现出不可比拟的优势。这是因为成年受训者往往是有一定工作经验和明确的提高目的的职业者，相较于校园学习，他们往往表现出独特的学习特点。

（1）受训者的典型特征

企业培训的受训者通常具有以下几个特征。

①企业培训的受训者通常在职业经验上都不是一张白纸，因此对于企业培训的内容往往是选择性地接受。一般来说，只有当企业培训的内容与他们已有的职业经验有一定的相通性，符合他们的理解水平，能够让他们对新知识产生出一定认同感时，他们才更愿意接受。

②企业培训的受训者作为成年人，通常有更高的自主性，只有能够打动他们，并让他们认识到所学内容确实能对其职业发展有实质性帮助时，他们才能主动打开思维，自愿接受知识和技能培训。

③企业培训的受训者往往已经离开校园一段时间了，相比于单纯的理论学习，他们往往对能够实际解决问题的培训更有兴趣，更有学习意愿。

④作为成年人的企业培训受训者的记忆方式，更倾向于理解记忆，并且从提高绩效的角度看，企业培训的受训者只有在理解的基础上完成培训，才更容易主动将学习成果应用到自己后续的工作中。

基于这些受训者的学习特点，在开展培训时，便不宜选择传统教学方式——将技能或知识刻板地灌输给受训者；而若选择培训者、受训者之间密切交流的交互式培训，则更容易取得良好的培训效果。

（2）交互式培训必须解决的两大问题

在实践中，交互式的企业培训必须解决"为什么""是什么"两大问题。

解决"为什么"，即让学习者知道自己为什么要学。解决这一问题，一方面，需要培训者及时有效地向受训者传达企业培训的意义和价值；另一方面，也需要企业培训者在设计培训课程的过程中，提前发掘对受训者个人职业发展有帮助的学习内容，通过培训，切实给受训者提供一个提高自己的机会。

解决"是什么"的问题，即根据企业培训受训者的特征确定企业培训的学习内容。在解决这一问题时，交互式的培训方式要求培训者充分了解受训者的情况，适度设置企业培训课程，努力掌握好课程难度，避免完全陌生的课程让受训者产生畏难心理或者过于简单的学习内容令受训者失去学习的兴趣。

（3）交互式培训的三大模块

在实践中，交互式的企业培训必须确保含有"结构化""有效反馈"和"适当奖励"三大模块。

①"结构化"模块。培训者要在设置企业培训的内容和课程节奏时，有意识地让学习的内容结构化，让课程内容循序渐进，更符合成年人的学习和记忆习惯。

②"有效反馈"模块。培训者要在积极引导受训者思考、交流、讨论的基础上，及时且有技巧地对受训者的表达进行反馈，在反馈中引导受训者接受新的知识。在这一模块中，培训者应当鼓励受训者分享自己的观点、建议以及对具体问题的解决方案设计，同时认可、表扬其中有创新性的观点并加以引导。

③"适当奖励"模块。培训者要主动为培训设置适当的奖励，以激发受训者的学习积极性，满足受训者的学习成就感，从而提高交互培训中的趣味性，增强培训效果。

2. 根据具体情况，恰当使用交互式培训

交互式培训常用的方法有以下几种：案例分析法、头脑风暴法和拓展训练法。

（1）案例分析法

又称案例研讨法，由哈佛大学于1880年开发完成。最初，案例分析法只是作为一种教育技法用于高级经理人及商业政策的相关教育实践中。后来，这种方法逐渐被各种类型的公司借鉴，成为培养企业人才的重要方法。

案例分析法以提高员工的分析能力、判断能力、应变能力和执行能力为目的，通常会把企业实际工作过程中遇到的典型问题作为案例，引导受训者对其进行研究、分析或者提出更优的解决方案。这一培训方法的使用范围相对广泛，从新员工的入职培训到管理者的提高培训都可应用。

案例分析法的实施一般分为四个步骤：精选案例、分组与分配角色、分组讨论并提出分析方案、总结点评。

第一步：精选案例。这一步最终确定的案例类型与内容决定了培训的方向与效果。一般来说，案例的来源有两个：各类媒体上介绍的其他企业的经典案例，或者自身企业运营中出现过的真实案例。通常来说，本企业中出现过的真实案例的代入感更强，在分析过程中更容易营造良好的培训氛围。但很多情况下，由于难以找到与培训目的完全匹配的本企业案例，企业培训者也可以结合其他企业的经典案例与企业自身的情况，自主设计培训所需的案例。

在对案例进行取舍甚至再创造时，企业培训者要注意以下三点：一是案例必须具有典型性，即一个案例往往能从多角度进行分析，为企业培训提供多角度的启示；二是案例要与企业培训的理论内容尽可能贴近，以期在培训过程中能够通过案例分析自然而然地引出培训的主要知识点；三是案例不宜太过复杂，案例是为培训的知识服务的，过于复杂的案例在进行引导时难以把控，有可能出现喧宾夺主或跑题的情况。

第二步：分组与分配角色。在进行这一步时，通常会将受训者分为3~4个小组，每组8～10人。分组完成后，各组还应选出组长，负责案例分析和讨论时的主持、协调以及结论的归纳整理等工作。在这一阶段，培训者还应当引导小组成员之间进行自我介绍，这样既能让小组成员相互熟悉，也有利于营造轻松、顺畅的交流环境。

第三步：分组讨论并提出分析方案。这是极为关键的一步。在这一步中，各组将分别对案例进行分析、讨论，并尝试提出解决问题的方法，最终形成方案。在此阶段中，培训者绝不能完全放任小组自由讨论而不参与进去：一方面，培训者要对小组讨论进行监督，保证小组讨论是围绕案例分析有效进行的；另一方面，培训者应当游走在各小组之间，倾听、指导小组的分析内容，引导各小组提出有效见解，并帮助各小组达成共识。

第四步：总结点评。这是案例分析法的最后一步。培训者应当尽可能平均分配各小组的发言时间，组织全体受训者对各小组的分析或解决方案进行评价。在这一阶段，培训者要注意积极引导受训者向既定的案例原理上靠拢，让培训课程成功结束。这一阶段是影响案例分析培训效果的决定阶段，只有将案例分析有效引导到既定的理论预设上，案例分析培训才是有效的。这也意味着，案例分析法对培训者的引导能力和把控能力有着较强的要求。

（2）头脑风暴法

头脑风暴法由美国BBDO广告公司的奥斯本首创。头脑风暴最初是指精神病患者精神错乱的状态，现在则用来描述通过无限制地自由联想和讨论来激发新观念、创生新想法的思维方法。近年来，头脑风暴法越来越常见于企业交互式的培训形态中。

头脑风暴法通常由三个阶段组成：发表观点阶段、自由评议阶段和决策阶段。

在发表观点阶段，培训者应当鼓励每位受训者都畅所欲言地表达自己对固定主题的看法，并给出原因和证据。然后培训者将每个人的看法都简单记录在黑板上。这一阶段里，每人发言时间不宜超过三分钟，但是，当某一个受训者发言时，培训者及其他受训者都不得打断。

在自由评议阶段，每个人针对黑板上记录的各条意见，自由发表各自的看法，每人发言时间控制在五分钟以内。在这一阶段里，培训者应当注意控制现场，避免从单纯的意见评议转化成人身攻击。

在决策阶段，每个受训者拥有四次投票权，可自由投给自己支持的观点。每人的四票，既可以投给一个观点，也可以分开投给不同的观点——投票的分配完全由受训者自主决定。在这一阶段里，培训者应进行适当引导，保证头脑风暴最终结果处于培训课程设计的预先划定范围之内。

在采取头脑风暴法进行培训的过程中，培训者要谨遵四大禁忌原则：禁止进行人身攻击；禁止对看似狂妄的想法给予鼓励；禁止重量不重质，鼓励大家有尽可能多的想法；禁止鼓励在他人灵感的基础上再塑造新灵感。

（3）拓展训练法

拓展训练法是一种要求在专业机构指导下，根据企业具体问题设计展开的一种交互培训方法。拓展训练一般在室外开展，常常利用山川河流等自然环境或攀岩等培训道具。

近年来，国内企业逐渐接受用这种方法来达到磨炼员工意志、培养员工团队意识的目的。拓展训练的趣味性很强，因而员工接受度较高。但是，在选择此类培训时，需要注意培训者必须具备户外活动的专业指导能力，且具有丰富的拓展训练经验。否则，不仅难以达到培训的目的，还有可能造成人员伤害等严重后果。

四、培训尾声：回顾与总结，固化并加深培训认知

当企业培训进行到尾声时，通常培训的重点知识已经讲解完毕，培训者和受训者都很容易陷入疲倦期。但事实上，虽然在企业培训的尾声阶段不宜再进行新知识的培训，但这个阶段却可以对整体培训课程进行回顾与总结。

在培训尾声阶段里安排回顾总结环节，可以加深对知识性内容的记忆和印象，对所完成的活动进行深层意义的总结，最终搭建起从知识通往现实工作的桥梁，让学习成果转化为绩效成果。

因此，在这一阶段里，培训者不仅不能松懈，还要想方设法调动受训者主动思考和主动学习的兴趣，引导其对受训中学习过的知识或参与过的活动进行积极重构。

1. 针对培训知识的回顾与总结

针对培训知识点的回顾与总结，主要基于以下五种种目的：厘清思路、

加深记忆、突出重点、引发思考和查缺补漏。其中前三种都是对已讲授知识的再归纳、再总结，而后两种则需要将已学习的知识引申开来，力求在基础知识的储备上产生更加深刻的思考和认识。

（1）培训者回顾与总结的重点

要想实现这五大目的，培训者要对培训内容反复分析，在熟练掌握培训内容的同时，还要清晰地把控培训课程的重点和框架。只有这样，才能轻松地带领受训者建立起培训内容的知识大厦，引导受训者加深对重点知识的记忆。

在此基础上，培训者还应当对培训内容进行深入挖掘，把握住不同知识间的深层联系以及表层知识背后的深层意义。只有这样，培训者才能在回顾与总结环节有目的地提出问题，有导向地引发受训者的思考，帮助其发现和弥补之前学习过程中没有学到的或没有学透彻的知识。

（2）回顾与总结知识点的方法

培训者想要做好针对知识点的回顾与总结，需要掌握一些有效的方法，比如知识梳理法、趣味总结法、启发性总结法等。

①知识梳理法。知识梳理法是指培训者为了受训者能更系统地掌握培训知识，在培训尾声阶段，自己亲自或引导受训者用准确简练的语言，对培训中的学习内容进行提纲挈领式的说明，并对培训中的重点、难点和关键问题加以概括、归纳和总结。这样的回顾、总结方法能够让受训者对新学习的知识产生系统、完整的印象和更深入的认识。

在进行知识梳理时，要尽可能具有概括性，回顾与总结时的用语要简明扼要、画龙点睛。另外，还可以灵活运用图表或思维导图等形式梳理培训内容。图表和思维导图能直观地揭示出各个知识点之间的系统关系和逻辑关系，因此被视为梳理知识的有效手段。

②趣味总结法。趣味总结法区别于单纯的知识梳理法，是指通过一种新

颖有趣、耐人寻味的总结方式来吸引受训者的兴趣，激发受训者的学习热情。这类回顾、总结方法能有效消除培训尾期受训者的学习疲倦感，创造出良好的学习效果。但是，这种回顾与总结方法对培训者的创造能力要求较高，需要培训者本身具有较高程度的创新思维和发散思维，能够从基本的知识内容中发现和创造出趣味点。

通常来说，趣味总结法要求培训者将培训中的具体知识点进行再设计，创造出以知识为基础的趣味口诀、故事或诗歌等新内容，以引发受训者的关注。

③启发性总结法。启发性总结法是指培训者在帮助受训者掌握培训课程基本内容的基础上，提出精心设计的启发性问题作为培训课程的结尾。启发性总结法尤其适用于培训中阶段性的回顾、总结环节。这种回顾与总结方法，不仅能帮助受训者更加深入地理解所学知识，还有利于培养受训者自主思维的探究能力。同时，以提问的方式作为培训的结尾，为课堂留下了悬念，有利于引起受训者的好奇心，激发受训者进一步学习的欲望，充分调动受训者的学习积极性，也有利于培训课程的后续开展。

2. 针对培训过程的回顾与总结

除了对培训中的知识点进行回顾总结之外，还应对培训过程以及培训过程中的体验进行回顾总结。比如，在交互式培训的过程中，一些受训者往往不能准确捕捉培训的内容及其价值，这就需要借助回顾与总结的环节，帮助受训者有意识地对培训过程遇到的一些障碍进行思考，将互动或游戏提升到理论知识的高度。

具体来说，培训者需要引导受训者围绕培训的体验经历，解决好"发生了什么""怎么发生的或怎么解决""为什么会这样发生"以及"如何与实际工作相联系"这四个问题。

（1）发生了什么

在回答"发生了什么"这个问题的过程中，受训者们回顾自身的感受、倾听他人的感受并进行交流，从而对交互式培训过程展开相对客观的观察。在回顾"发生了什么"时，受训者的感受和看法往往是具体的和多样的，在共同却又有着细微差异的环境、角色和心境下，每个受训者都有着各种各样的体验感受。在这一阶段，培训者不需要刻意追求反馈的系统性、统一性，而应当积极鼓励受训者真实地表达自己的感受。

（2）怎么发生的或怎么解决

对这一问题的回答，意味着回顾总结阶段由单纯的感受表达上升到了反思阶段。通过这一阶段的回归总结，交互式培训的体验目的得到了最终揭示。

在这一阶段，培训者应当通过有意识、有设计的发问引导受训者对上一阶段所表达的体验感受进行反思，让受训者们逐渐从单纯的现象观察里深入到内在、深层次的认识。此时，培训者应当注意帮助受训者对所产生的各类认识进行梳理，使其由具体向抽象发展，并逐渐趋同。

（3）为什么会这样发生

随着问题的不断深入，回顾总结阶段也由最基础、直观的体验感受分享，上升到了理论的归纳总结。通过对"为什么会这样发生"问题的回答，上一阶段得到的认识被进一步深化和抽象化，课程所要传达的规律性理论、知识，通过培训者的引导让受训者彻底接受。

在这一阶段，回顾总结的内容已经彻底脱离了对培训过程的表层记忆，培训的目的得以彰显和实现。因此，对这一阶段的回顾总结是整个交互式培训过程的关键，应当引起培训者足够的重视。

（4）如何与实际工作相联系

对这一问题的回答是回顾总结的最后阶段，也是将学习内容与工作实际相结合的关键阶段。在这一阶段，培训者应当引导受训者从之前的交互式培训过程中跳脱出来，用员工的身份重新审视上一阶段总结归纳出的知识点，将理论与现实结合起来，尝试用新接受的理论知识解决现实中遇到过或可能遇到的工作难题。

需要注意的是，这一阶段的进行通常需要培训者预先能够设身处地地发现理论与企业具体实际的连接点，因而对培训者的工作经验、职业经历等有着较高的要求。

回顾与总结不仅适合出现在整个培训活动的尾声，还适合出现在培训中各个阶段的尾声乃至每一堂课的尾声。作为企业培训的有机组成部分，回顾与总结能对企业培训的成功起到积极促进作用。因此，培训者应结合培训目的、课程内容、培训方式等多方面因素，周密思考、精心设计出精彩的回顾与总结环节，从而激发受训者的学习兴趣和热情，帮助受训者有效固化所学知识，加深其对培训的认知。

第五章

效果强化：培训技法多样化，优化培训接受效果

列夫·托尔斯泰曾经说过："成功的教学所需要的不是强制，而是激发学习的兴趣。"这一道理在企业培训的过程中同样适用。企业培训作为成人职业培训的一种类型，如何让培训者在培训过程中充分诱导、激发起受训者的学习积极性、主动性，让受训者对培训内容产生兴趣，愿意主动学习、研习、探索和思考，是企业培训过程中的重点与难点。

近年来，随着企业培训在国内、国外的蓬勃发展，越来越多科学的培训技法被发现和被应用于企业培训的实战之中。如何选择最优的培训模式、培训技法，如何有效激发受训者的学习积极性，如何加深受训者对企业培训内容的理解，如何高效实现培训成功的落地转化等一系列问题，实际上都是有章可循的。只有了解、掌握、灵活运用最新的、科学的、多样的培训技法，才能真实有效地优化培训内容，从而真正做到用企业培训为企业赋能。

一、学习方式集成化，选取最优培训模式

随着现代技术的发展，企业培训的方式得到了极大丰富，除了我们最熟悉的面授方式以外，网络授课甚至移动授课的方式也开始被越来越多的企业接受。面对各类不同的企业培训方式，企业培训的管理者应在充分了解不同学习方式的特点的基础上，根据自身培训需求与特点有针对性地进行选择和组合，从中挑选出或塑造出适合自身的最优培训模式。

1. 常见的企业培训方式以及优劣分析

现代企业培训可选择的学习方式非常多样，既有相对传统的面授，也有近年来新兴起的网络授课。对于这些不同的学习方式，企业培训管理者和培训者应当有清晰的认识，不仅要了解各种学习方式的实际操作过程，还要清楚各种学习方式之间的区别，尤其是各自所具备的优点、缺点。

（1）面授

所谓面授，顾名思义就是当面传授，培训者与受训者同处一个时空，面对面进行培训与交流。

交流的及时性是面授这种学习方式的最大特点与优点。由于时空的一致性，培训者能够第一时间接收到受训者对于培训内容和授课技法的真实反馈，从而有利于培训者对课程及时做出调整，更好地保障培训的效果。而受训者也可以在第一时间向培训者就培训过程中产生的困惑提出疑问并获得解答。

由于培训者随时在场，面授课程可以采用的培训形式和培训技法比较多样——除传统的讲堂式培训形式外，还包括案例分析、头脑风暴、素质拓展等多种培训形式。

但同时，面授方式也存在一定的不足：对培训的空间与时间要求比较固定，在租赁场地、组织培训、讲师聘用等方面需要比较固定和高额的费用投

入。因此，通常来说，面授的培训方式更适合有较高培训预算的大型企业或高端企业，并且一般采用课程定制方式，这充分保证了培训的针对性。

（2）网络授课

所谓网络授课，是一种利用互联网的远程在线技术进行的授课方式。它通过系统采用音频、视频传输以及数据协同等网络传输技术，来模拟出真实的培训课堂，从而运用网络技术给受训者提供有效的培训环境。受训者在电脑、手机等可联网的设备上，登录网站或应用，即可参与课程培训。

①网络授课的优点。相比于传统面授，网络授课显然突破了时间与空间对企业培训的限制。大量的、不同地域的受训者可以随时随地通过一台可联网的设备，有效地完成培训，一位企业培训的名师也可以足不出户，对"千里之外"的受训者进行远距离培训。这一方式大幅降低了企业培训在场地租赁、讲师聘用等方面的成本。此外，网络授课还具有其他几个优点，如表5-1所示。

表5-1　网络授课的优点

网络授课的优点	说明
成本相对较低	企业培训在场地租赁、讲师聘用等方面的成本相对要少一些
学习过程轻松	由于受训者在学习过程中受到的时间空间限制更小，容易在轻松的氛围中实现培训过程
课程安排简明清晰	网络授课的网站或应用上，能清晰地展示课程安排过程，主动向受训者提供培训信息和学习提醒，从而让授课者清晰、及时地了解培训情况
授课形式多样	网络授课可采用的授课形式和可借助的后期手段更多，能有效提高授课的趣味性
复习更方便	企业培训具有面授不具备的可重复性，培训者可以反复学习，复习起来更加方便

②网络授课的缺点。在网络授课多重优势的背后，也隐藏着其不足——它在授课及时性和监管严密性上存在较大的不足。

由于网络授课的内容往往采用事先录制的形式，培训者与受训者是相互剥离的，受训者不能随时反馈，培训者也无法随时调整授课方法和内容，受训者也不能及时向培训者咨询和提出疑问。因此，在某些情况下，网络授课的培训质量会比面授课程稍差一些。

而由于网络授课受众更广，时空限制较小，虽然能在一定程度上记录受训者的受训时间，却无法对受训者的听课情况进行监控，更大程度上需要受训者的自觉。为了解决这一问题，一些企业会组织集体听课，但这样的做法在一定程度上抵消了网络授课在场地租赁、人员组织方面的低成本优势。

此外，由于网络授课时培训者和受训者通常是不同步的，互动难度较大。所以，可选择的授课形式有限，一般只采用讲堂式授课方式。

2. 新型的移动授课方式及其设计原则

移动授课是网络授课的一种形式，是在移动设备的（如手机）帮助下实现随时随地学习的一种授课方式。这种授课方式被越来越多的企业培训者所采用，尤其值得我们关注。

（1）移动授课的优劣分析

移动授课在具备网络授课的众多优点的同时，更进一步突出了网络授课在时间、空间上的不受限，让学习场景更加丰富，学习方式更加灵活。移动授课在更大程度上打破了企业培训的集体性特征，受训者可以根据自己的学习习惯和时间，灵活、自主地安排自己的受训场景和时间，尤其符合现代人碎片化的时间安排。

不过，移动授课虽然方便轻松，但也降低了课堂的严肃性，容易让受训者对待培训的态度过于随意，令培训效果大打折扣。因此，移动授课的内容往往不适合较为深入或难度较大的培训内容。而因使用上有一定局限性，一堂课的培训时间也需被严格控制——一旦连续培训的时间过长，受训者的注意力不再集中，那么授课效果将大打折扣。

（2）移动授课的四大原则

一般来说，在进行移动授课时，需要遵循以下四大原则：

首先，以开放性思维进行授课设计。在进行培训内容安排以及培训媒介、培训技法选择等移动授课设计时要注意采用开放性的思维。只有使用开放性思维进行授课设计，才能尽可能地满足使用移动授课的受训学员的需求，创造出更好的培训效果。

其次，有效量化培训目标。利用移动工具进行授课，培训的过程设计将清晰地展现在受训者的眼前，因此就需要培训者尽量将每一个培训单元的培训目标设计清楚。同时，为了达到更好的培训效果，培训者还可以结合具体培训目标增设适当的线上回顾、练习、测试等小项目。

再次，培训单元要短小。移动授课对环境要求较低，但也因此容易受到外界因素的干扰，所以此类学习方式往往针对的是受训者的碎片化时间，不要求受训者的注意力集中较长时间。基于移动授课的这一特点，每次课程的培训时间不宜超过30分钟，最好控制在3～20分钟。

最后，在培训课堂外为受训者准备丰富的参考资料。通过移动授课的方式进行企业培训，受到实现手段与培训市场的限制，往往难以实现较大的培训目标。因此，培训者应在正式培训课堂之外，为受训者提供丰富的参考资料，为受训者的后续学习需求提供帮助。

3. 通过混合式学习，设计出适合自身的学习方式

在企业培训中，各种学习方式都各有优势与缺点。培训管理者并不能一概而论地说某种学习方式更好，而应当结合企业自身的培训需要与培训规划情况选择适合的学习方式。同时，各种学习方式之间也并不是非此即彼、相互排斥的。在现代企业培训的实践中，越来越多的企业摈弃了单一的学习方式，而选择混合的学习方式，设计出更具有针对性、更适合于企业自身的学习方式。

混合式学习区别于单一的传统学习方式或新型的网络学习方式，是根据企业自身的培训需要与规划情况，有选择、有侧重地将两者优势结合起来后塑造出来的、具有复杂性和独特性的最优学习方式。

纵观企业培训的发展过程，从以面授为主到网络授课被普遍接受，再到移动授课逐渐崛起，企业培训所采用的学习方式在不断发展和丰富，但仍然没有哪一种学习方式能只有优势，没有缺点，也没有哪一种学习方式能兼顾企业培训的所有需求。因此，企业想要获得性价比最高的培训效果，往往就需要采用混合式的学习方式。

这里所说的"混合式"学习方式，除了在最基础的授课方式上加以"混合"之外，还在学习理论、学习资源、学习环境等多方面加以"混合"。

（1）授课方式的混合

授课方式的混合是指兼顾现实资源与网络力量，将面授与网络授课进行有机结合。在培训者与受训者必须实时、同步参与的培训课程中，采用面授或网络直播的授课形式较为适宜；在对培训者与受训者同步性要求不高的培训课程中，采用网络录播的授课形式较为适宜。另外，还可以增加固定时间的线上讨论，增设培训者与受训者共同参与的群组交流等板块，来加强后者的培训效果。

（2）学习理论的混合

由于自身操作的复杂性，企业培训往往需要同时面对多种类型的学习目标、学习环境的要求，因此需要多种学习理论的混合指导。具体来说，常见的学习理论包括教育传播理论、活动理论、虚实交融理论、人本主义学习理论等。我们尤其需要注意的是，在现代的企业培训中，在设计培训内容与过程时，都要格外注重受训者的中心地位，倡导围绕受训者建立主动探索式的学习模式。

（3）学习资源的混合

企业培训管理者要尽可能将多种资料集中在同一平台上，构成一个多方式、多环节的"一站式"学习系统，让相对复杂的混合式学习方式的操作流程更加清晰、简便，从而降低受训者的参与难度。一些企业在做培训时同时会购买多个平台的不同网络课程，受训者疲于在不同平台间的来回切换，增加了培训的难度，降低了培训的效果。

（4）学习环境的混合

混合式学习方式采用的学习环境往往是多样的，既有正式的、集体化的实体课堂，也有灵活的、分散的虚拟课堂。针对不同的学习环境特点，企业培训时要设计不同的监管方法和支持方法，围绕受训者做好企业培训的管理、评估工作。

二、培训技法灵活化，激发员工的学习热情

现代企业培训的培训技法一直在快速发展，但几乎每一种培训技法都以激发受训者的学习热情、调动受训者的学习主动性为重要目的。"以学员为中心展开培训"，已然成为现代企业培训的金科玉律。显然，在企业培训意识已经深入人心的今天，各企业都试图引入更加灵活、有效的企业培训技法，以达到更有价值、性价比更高的培训效果。

1. 培训者高超的控场授课技巧

作为企业培训的主要操控人，培训者通常是培训技法的直接使用者和执行者，绕开培训者直接实现的培训技法少之又少，甚至有不少的企业培训技法就是直接通过培训者高超的控场授课技巧实现的。

所谓企业培训控场，是指培训者对培训场面的控制，具体包括培训者对培训中的课程节奏、培训时间、现场氛围、突发事件等的把控和应对。这种

对企业培训的控场能力，实质上考察的是培训者对培训目标的把握程度、对培训课程内容的掌握程度、对现场授课节奏、培训过程的控制能力等。只有拥有良好的企业培训控场授课技巧，企业培训者才能游刃有余地完成好培训任务，受训者才能"不出戏"，始终紧跟培训者的培训节奏与思维方向。

具体来说，好的培训者的控场往往从走进课堂第一句自我介绍就开始了，然后贯穿整个培训过程，最后以较好的培训效果收尾。

（1）培训者的自我介绍

自我介绍是在培训者首次登场的初期，能否在培训一开场就给受训者留下一个良好的第一印象，将直接影响后期的正式培训是否能够顺利进行。

在这样一个开场环节里，培训者应当帮助受训者建立起关于自己的三个维度的认识：了解、认同、欣赏。

①了解。这是最基础的自我介绍环节，即让受训者对一个陌生的培训者产生基本的认识，"你是谁？""你做过什么？""你来是做什么的？"这三个问题是培训者在自我介绍中首先要向受训者介绍的。通过这一步介绍，受训者对培训者产生最基础的认识，消除一部分陌生感，为搭建信任建立基础；同时对"你来是做什么的"这一问题的回答实际上也是对培训的目标进行基础性的介绍，开启了培训课程的第一步。

②认同。这是在了解的基础上让受训者对培训者产生认同感和信任感。在这一步，培训者应当清晰介绍培训的价值、对受训者产生的帮助等内容，让受训者认识到自己的受训目标与培训者的培训目标是同步的、一致的，也让受训者理解培训者是自己职业发展道路上的伙伴与引路人，而非一次企业活动的管理者和监督者。可以说，让受训者对培训者的目标和立场产生认同是培训取得成功的基础。

③欣赏。这是培训者自我介绍要实现的高阶目标。受训者对培训者产生认同感才能有效接收培训者传递出的信息，而只有受训者欣赏培训者，受训

者才能乐于跟随培训者的引导和思路进行主动学习。为了被受训者欣赏，培训者应当积极展现自己的风度和专业性，可以适当介绍自己以往的工作经历，让受训者对其专业性产生信赖感。但在表现自我能力时，切忌明显地卖弄。因为欣赏感的产生往往是建立在培训者专业性和亲和性两方面平衡的基础上的，过于卖弄或过于谦虚，都不利于欣赏感的建立。

（2）有效地导入培训

自我介绍环节完成后，企业培训的课堂内容正式开启。在这个阶段，培训者的主要控场目的在于有节奏地、有目的地控制培训正常有序地进行，引导受训者参与课堂思考与讨论。在这一目的的基础上，课堂导入环节就显得尤为重要。

许多培训者在进行培训的实践中，忽视了培训的导入环节，自我介绍完成后直奔主题，直接进入学习环节，这样的课程节奏安排看似效率更高，其实严重影响了受训者的听课效果。受训者作为成年人，自我意识更强，很难全身心地快速投入具体的学习中，这就需要培训者充当引路人，在课程内容讲授前将其思维的注意力集中到培训上来。

在具体操作中，培训者要在导入环节完成以下四大任务：

①让受训者感到舒适放松，只有在放松的情况下，作为成年人的受训者才能打开心防，自然而然地接受培训者的引导。

②将受训者的注意力集中到培训的主题上，转移受训者的其他思绪，以此保证授课的效率与质量。

③引起受训者的好奇心，只有引发受训者的好奇心，才能让受训者在培训中由被动的接受者转化为主动的学习者。

④制造冲击力，让培训者兴奋起来，在企业培训的受训者中很大一部分是有一定工作经验的老员工，他们对于培训的内容往往会产生怀疑——这是不是我早已知道的？这是不是纸上谈兵？制造冲击力就是要打破受训者对培

训内容的质疑，让他们对学习内容感到兴奋。

导入环节结束后，培训也就进入了正式的授课阶段。在这一阶段里，培训者需要注意授课内容要尽可能简明、清晰，授课方式要尽可能具有启发性与互动性。

（3）为培训圆满收尾

当基本授课进入尾声，收尾方式的好坏也能充分体现出培训者是否具有优秀的控场能力。一般来说，有效的企业培训收尾要注意以下四点：

①完成对培训内容的回顾，强调课程的要点与精华。

②通过启发等引导方式给受训者继续学习留下方向性的指引。

③引导受训者将所学的理论知识应用于自己实际的工作实践。

④祝福受训者，对受训者表示感谢。

2. 通过多方刺激，实现高效课堂

无论采取何种类型的培训方式，课堂授课阶段都是企业培训过程中最主要和最关键的阶段。能否充分调动受训者的注意力和积极性，是关系到企业培训成败的关键因素。因此，现代企业培训以实现高效课堂为目的展开了一系列的研究。而大量研究结果发现，培训者完全可以通过对受训者进行视觉、听觉、知觉等多方刺激，有效提高培训课堂的效率，达成更好的企业培训效果。

（1）集中受训者注意力的基本原理

对于企业培训来说，如何将受训者的注意力始终集中在课程内容上，这是实现高效课堂首先需要解决的问题。现代企业培训研究成果表明，受训者的大脑在缺乏足够的刺激时，会无意识地将注意力由外部环境转向内部精神，开始构建自己的内部精神世界。通俗地说，当授课内容不足够新颖，受训者没有受到足够的刺激时，其思维就会从课堂内容上游离开来，开始"走神"。

因此，要想实现高效课堂，长时间地集中受训者的注意力，就要不断地给予受训者的大脑以新鲜、有趣的刺激，让受训者在尽可能多的时间里处在多重感官和新奇事物带来的刺激中。这也就意味着，在企业培训的实践中，如果只靠一位培训者站在讲台上，滔滔不绝地向受训者灌输课程内容，这将是最低效的培训方式；培训者必须为受训者设计多重感官刺激，包括看、听、写、讨论、思考、想象、参与等多种方式，以此来吸收培训的新信息。

（2）常见的感官刺激方式

常见的感官刺激方式主要可以归纳为听觉刺激、视觉刺激和知觉刺激三种。

①听觉刺激。听觉刺激即培训者运用各种声音引发受训者关注，从而提高培训课堂效率的方法。培训者向受训者讲授培训内容就是最简单、最常见的一种听觉刺激。除此以外，培训者还应当重视培训过程中的背景音乐或音效、来自受训者自己的声音以及受训者间交流的声音等多种听觉刺激。

首先，培训过程中背景音乐或音效的有效运用能为培训效果加分不少，根据培训过程中不同阶段的需要，不同类型的背景音乐能起到或舒缓情绪，或振奋精神，或集中注意力等各种不同的效果，这类听觉刺激具有普遍性的特征，它能在受训者中产生潜意识的共鸣，在润物细无声的过程中实现培训者想要达到的情绪效果。

其次，来自受训者自己的声音，即朗读、演讲、表达自己的观点等活动带来的自我听觉刺激。这类听觉刺激由受训者自己发出，能有针对性地凝聚受训者的注意力，提高授课效率。

最后，是受训者之间交流的声音，这类听觉刺激既可能来自受训者的自我表达，也可能来自不同受训者之间的交流和讨论。来自受训者之间的交流的声音，因为更具有互动性和趣味性，因而常常能产生良好的课堂刺激效果。

②视觉刺激。视觉刺激，即在培训过程中利用颜色、形状、表格、图片、视频、道具等一系列能够在受训者大脑中形成视觉印象的因素调动受训者的思维，集中受训者的注意力，以提高企业培训课堂效率的方法。有关研究结

果表明，在人类所获取的信息中，有将近50%的内容是通过视觉获得的。由此可见，在人类认识世界的过程中，视觉刺激起着至关重要的作用。

当学习新知识时，相比于完全由专业名词构成的纯文字材料，几乎所有人都更容易接受和理解准确配有解释性图片的资料。在企业培训中，视觉刺激所起到的作用类似，即通过有效的视觉刺激收拢受训者的注意力，同时增强培训内容的解释性，让培训内容更容易被受训者接受和理解。

在现代企业培训的课堂上，除了PPT、图片、视频等常见视觉刺激因素，培训者还应当重视各类培训道具发挥的视觉刺激作用，比如用来分类的彩色卡片、为受训者涂鸦准备的便签纸等。这些引发受训者视觉刺激的小道具色彩鲜艳并且常常和各种趣味性活动相结合，更能有效调动课堂氛围、提高受训者的课堂接受效果。

③知觉刺激。知觉刺激，指培训者通过设计各种能让受训者身体动起来参与学习的动作，来提高培训课堂效率的方法。科学研究表明，人在久坐后，身体血液流速会放缓，大脑的含氧量也会相应降低，从而导致注意力集中程度下降；但是人们只要站起来活动一下，就能有效加快血液流速，帮助人们提高15%~20%的大脑含氧量，从而让人的学习能力上升5%。

因此，企业培训者可以在课堂每进行15~20分钟时，设置一些能让受训者动起来的活动，以激发受训者更好的学习状态。比如，培训者可以将一些关键的知识点，藏在授课教室的各个位置，让受训者亲自去寻找。

三、强化体验式培训，加深培训内容认知

区别于传统式企业培训，现代企业培训更加注重受训者的体验。相比于传统的语言教学这种外在的培训方式，现代企业培训更倾向于从受训者自身和其内在出发，让受训者的学习与生活、工作尽量趋近，从而在一种特定设计的体验过程中，接受教育，学习新知识。

这种体验式培训有两大关键点值得企业培训者注意：首先，它区别于传统的以培训者为中心的教学模式，强调以受训者为中心的培训模式；其次，它是一种经过特定设计，要达到特定目的的培训过程。

1. 打造以受训者为中心的课堂

以受训者为培训课堂的中心与主导，是体验式企业培训的首要特征，而培训者居于后方，成为引导者和旁观者。在这一过程中，培训者要严格控制自己对受训者学习过程的参与程度，既要把握课程的进程与走向，又绝不能喧宾夺主，破坏课堂的体验效果。

在体验式培训课堂上，培训者就像是一台晚会的主持人，串起流程，把握节奏，收束主旨；而受训者才是晚会真正的表演者，要由他们承担起课堂上的绝大部分内容。当然，在现实中，一些所谓的体验式培训课堂上，培训者的表达比受训者还多，或者培训者始终占据着课堂的中心注意力，这样的课堂实际上仍然没有摆脱传统授课方式的束缚，因此受训者的体验效果就会大打折扣。

要想打造以受训者为中心的课堂，可以从以下方面入手。

（1）要对课堂环境进行优化

我们熟悉的课堂环境往往是教室式的，一排排整齐的桌椅朝向一个方向整齐摆放，尽量充分地占据空间，以容纳更多的受训者。这样的课堂环境非常正式、严肃，但并不适合以激发受训者主动学习意识和自主思维为主要目的的体验式培训课程。

体验式培训需要营造一种非正式的，甚至无拘无束的学习环境。为此，在课桌椅的选择上，可以选择舒适度较高、色彩较为鲜艳、形状较有个性的座椅，摆放时可摆成圆圈状，以方便交流；所提供的纸笔，可同时供应多种颜色，以方便受训者分类记录想法；教室内还可适当提供零食、茶歇，播放轻松的背景音乐。

（2）增强受训者之间的联系

以受训者为中心的课堂，还要努力增强受训者之间的联系。传统的培训方式需要受训者与培训者之间建立熟悉、信任的关系，因为在课堂上，受训者与培训者是主要的交流、互动方。而随着课堂主体的变化，课堂交流、互动的主体成了受训者本身，因此，密切受训者之间的联系就成了体验式课堂成功的必要前提。

这就要求培训者在培训进行之前，就对受训者的背景有充分的了解，并能根据受训者不同的背景对其进行分组，同时在课堂开始之初，通过组织一系列破冰活动，帮助各受训者之间相互熟悉、建立信任感。

（3）确保培训者拥有高超的课堂控制能力

课堂控制能力主要体现在课堂进程推进、课堂节奏把控和课堂主旨收束三点上。

课堂进程推进要求培训者对课堂的全局进行清晰的设计，要具有全局意识，即培训者要根据具体的培训需求和所采用的体验模式要求，将整堂体验课程划分为不同的阶段与环节，并在课堂进行时，有意识地引导受训者按照预先设计的进程，一步步推进和实现。

课堂节奏把控要求培训者对于课堂的进程推进有着更加精确的控制，培训者应当根据预先设计方案以及课堂的现场反馈情况，有效控制和调整课堂上的各个环节所占据的时间比例。

课堂主旨的收束则要求培训者对体验课程的中心目的有着明确的认识，并能够在课程进行中将其强化。当活动过程明显偏离课堂主旨时，培训者要及时干预。当课程阶段性结束时，培训者也要及时对课堂主旨进行揭示和总结。

2. 选择有效的体验式学习方法

体验式学习侧重于让受训者通过切身体验，来强化对培训所传递的知识与理念的认识，是一种必不可少的强化培训模式。下面介绍两种有效的体验式学习方法：情境模拟法、沙盘演练法。

（1）情景模拟法

情景模拟的基本过程是：通过培训老师讲解方法、原理及学员研究案例进行模拟实操演练，受训者与培训老师共同参与，并反复演练，以达到不断提高受训者实际工作水平的目的。

在情景模拟训练时，受训者们要分别扮演不同的角色，相互之间进行谈话。谈话一般可采取以下两种形式：第一种是上下级对话形式，由受训者轮流扮演上下级，分组进行情景模拟，让受训者在不同的角色中体会企业不同岗位对工作的态度和要求；第二种是特定身份模拟，受训者扮演企业中的特殊员工，要结合部门实际和个人工作职能完成相应的工作任务。

而培训者则扮演"裁判"的角色，对所有受训者进行评价。这种情景模拟式培训，避免了传统培训模式只重知识理论性传授而无法达到个体能力转换的缺点。

如今，这种方法已经越来越广泛地应用到各类主题培训活动中，特别适合针对新员工的入职培训和针对储备干部进行的培训。相对而言，过去那种单向的理论灌输式培训更近乎纸上谈兵，而这种情景模拟和角色扮演的培训方式则更贴近实际工作场景，而且可以使受训者在培训者的点评下认识到自己的短板或不足之处，对解决实际性问题的启发作用相对更大。在情景模拟中，受训者可以深入了解企业中不同部门和不同岗位的能力要求。

（2）沙盘演练法

在一次财务管理培训班上，受训者被分组经营若干家业绩较为平庸的企业。具体经营活动被分为若干经营周期，而各周期分别要经历三个阶段：在第一阶段中，受训者要编制和实施企业商业计划（内容涉及采购设备与原材料、雇用员工、获取货款、研究竞争对手、分析定价等）；在第二阶段中，受训者要参与市场竞标，争取客户订单，制作发生在该周期里的财务报表；在第三阶段中，受训者要对经营结果进行结算，并展开财务分析，总结经验教训，培训老师适时点评，解读财务要点。各组受训者竞争到最后，有的企业破产清算，有的企业保持平庸业绩，有的企业则实现了起死回生。

在这轮培训过程中，企业整体运营都是在沙盘上展开的。诸如经营场地、固定设备、产品原料、现金流量、应收账款、银行贷款、应付账款、工资、行政费用、市场推广、利息、应交税费等各项财务指标的运营，全部通过移动的"筹码"和特殊道具来实现。也就是说，参与沙盘演练的受训者所做出的每一个决策，都会对企业整体财务状况产生影响，并一一呈现在沙盘上。

针对上述两种体验式学习，我们可以结合前文介绍的回顾与总结技巧，引导受训者将体验与实际工作结合，进而强化其对培训内容的认识。

下面我们举例说明。

"信任背摔"体验培训活动与回顾总结

体验式活动介绍：信任背摔，要求每位学员站到背摔台上，笔直向后倒下，其余队员在其背后将其接住并直立放到地面上，以此培养受训者之间的团队意识和团队信任感。

阶段一：培训者引导受训者回顾体验活动"发生了什么"

· 你倒下时的心理活动是怎样的？

· 被接住时你的感受是什么？

· 在接住其他队友时你的感受是怎样的？

· 看到第一个成功的队友时，你的心理发生了什么变化？

阶段二：培训者引导受训者回顾体验活动是"怎么发生的或怎么解决"

· 你是怎样克服倒下去时的恐惧心理的？

· 你站在背摔台上和台下时心里的想法有怎样的区别？

· 你是如何鼓励背摔台上的队友的？

阶段三：培训者引导受训者总结体验活动"为什么会这样发生"

· 什么样的团队成员值得信任？

· 如何赢得团队成员的信任？

· 如何理解团队中榜样的作用？

· 如何分配团队中的不同角色

· 如何增强团队的凝聚力？

阶段四：培训者引导受训者发现体验活动"如何与实际工作相联系"

· 你工作过程中遇到过团队成员间的"信任危机"吗？你现在认为应当如何解决团队成员间的"信任危机"？

· 你工作过程中遇到过团队凝聚力不强的情况吗？如果现在面对这类情况你将如何处理？

· 你现在如何理解团队工作中的责任分配？你会选择承担责任更重大的工作吗？

四、推动培训效果的落地转化，实现知行合一

当培训课程结束后，参训者还需要与现实工作对接，推动培训内容转化为个体的有效能力，实现知行合一。为此，可以采取多种途径或方法来推动培训实践目标的实现。

1. 鼓励个体实践行动，深化对培训效果的理解

实践行动对有经验的管理级的参训学习者来说，是一种较为合适的培训效果强化方法。它能通过对现实问题的萃取，提高参训者洞察事物本质的能力。因此，受训者在结束培训后，宜考虑快速实践，也就是带着培训内容与个体思考到现实中去践行、验证，由此进一步强化对培训内容的理解和认识。

2. 组织团队操作，提高集体培训的落地转化效果

设计团队任务以团队形式开展行动实践，强化对培训内容的理解与认识。

在培训转化过程中，采取团队操作的方式能够促使受训者发挥集体的智慧，从不同角度对问题进行分析，提供多元解决方案；同时，也可以互相鼓

励、互相支持，避免受训者最初因胆怯而不敢践行，或因考虑不全面或理解不到位而导致践行失败。

在此过程中，受训者的上级宜参与到团队操作中，或者在场外提供必要性指导，以此提高集体培训的落地转化效果。

3. 组建学习社群，强化实践行为反思

受训者可以组建学习社群，学习社群在培训学习过程中可以设定一个主题问题，共同观察、探讨和分析，分享并应用彼此之间的实际经验，继而寻求解决方案。待受训者离开社群后，即可带着新的见解和汲取他人的经验来投入主题项目运作的各个层面中。

同时，不同学习社群之间也可以互相学习。例如，当一个项目有多个学习社群时，学习社群每隔数周即进行重组。这样做的目的是防止他们总是与熟悉的参训者进行反思练习。因为，他们进行反思训练的重点不是项目的内容，而是要通过与"比较陌生的人"一起分析，更深刻地把握对这些实践经验进行反思与分享的本质。换言之，他们集中在一起讨论，更关注的不是自己从自身践行中获得了反思，而是如何更有效地运用他们的反思方法，让曾经的参训内容得到更高水平的应用与转化。

第六章

异常应对：以一套规范的程序，全力规避培训干扰

作为现场实时发生的双向互动活动，企业培训在进行过程中难免会遇到各类异常情况的干扰，这也就对企业培训管理者与企业培训者的异常应对能力提出了较高的要求。

在现代企业培训过程中，企业培训管理者和企业培训者不仅应当对企业培训过程中可能出现的各类异常情况有普遍的认识，还要能够准确对这些可能发生的异常情况进行分类，能够充分掌握企业培训过程中应对异常情况的具体办法，能够熟悉企业培训规程的设计方法和企业培训的进行节奏，能够灵活应对企业培训中的现场干扰，更能够深度分析培训中的干扰因素，设计出预防干扰的有效策略。

一、设计培训规程，实现培训规范化

培训规程是由培训规则与培训流程两部分组成的。培训规则是指企业培训过程中所涉及的一系列工作要求、规定、标准和制度等。培训流程是指为了实现特定的企业培训目标而采取的一系列具有时序性的行动组合或不同活动阶段组成的工作程序。因此，培训流程可以被定义为"将工作程序贯穿于其中的、确定的工作标准、规定、制度"。

有效的培训规程是企业培训的骨架，它支撑、支持着企业培训的全过程，对企业培训起着必不可少的规范作用。

1. 培训规则设计

规则就是规定出来供大家共同遵守的制度或章程。规则的根本特性是它具有制约性，它对于规则所管辖的对象具有绝对或相对的约束力，即被管辖对象必须在规则范围内实施行动。孟子说："不以规矩，不能成方圆。"在包括企业培训在内的任何活动中，一旦缺失规则，都难以长期维系。

（1）培训规则的基本要求

为企业培训起着规范作用的企业培训规则与普通规则一样，以制约性为其最大的特点，它往往从企业培训的目的出发，覆盖企业培训准备和执行过程的方方面面，对其提出制度性要求。基于企业培训的这一内涵，规范化和权威性是企业培训规则设计的两大基本要求。

针对规范化这一要求，企业培训规则的制订与传播，需要采用具有相对固定模式的、可被充分理解且易于查找的文本形式。针对权威性这一要求，企业培训规则中必须包含一定的惩罚措施，以增强企业培训制度本身的约束性，而且执行、监督部门要予以足够的重视，在企业培训实施过程中严格按章办事，避免企业培训规则最终沦为一张空纸。

（2）培训规则的基本模块

具体来说，一份完整的培训规则应当包括目的、适用范围、培训机构及其职责、培训方式、培训者管理、受训者管理、培训资源管理、奖惩制度等多个基本模块，如表6-1所示。

表6-1　培训规则的基本模块

基本模块	模块说明
目的	目的是企业培训规则的基础，它们阐明了规则制订的初衷
适用范围	适用范围是培训规则得以有效进行的基础
培训机构及其职责	该部分明确了培训管理的主导权属，明确企业培训过程中各项工作承担者的基本职责，做到明确分工、清晰权责
培训方式	要求对企业培训所采用的培训属性类别（企业内训、外训等）进行基本说明
培训者管理	针对培训者的选拔要求、纪律、奖惩措施等制定的规定
受训者管理	主要针对培训实施过程中受训者行为而预先制订的组织纪律，它一般会对受训者的出勤、课堂表现、考场表现等提出明确要求
培训资源管理	对培训过程中所用到的一切资源（教材、教具等）的管理要求
奖惩制度	企业培训实施过程中对所涉人员在遵守规则、培训表现等多方面的行为进行评估与奖惩的具体办法和规定

下面是一个企业培训规则的简单示例。

×× 企业培训工作规则

一、目的

为企业培训提供深入细致的工作准则与依据，保证各项企业培训工作都能得到规范、专业的指导，特制定本制度。

二、适用范围

参与培训管理工作的公司各部门员工及参与受训的各部门员工。

三、培训机构及其职责

1.企业培训的管理工作由企业人力资源部门总负责，企业各部门配合实施。

2.人力资源部门在企业培训中的主要职责：

（1）负责企业培训计划的策划、申报、具体实施与督导、考核；

（2）负责培训资源的采购与管理；

（3）负责培训者的选拔、管理；

（4）负责受训者的纪律监管。

3.企业其他部门在企业培训中的主要职责：

（1）积极配合人力资源部门完成企业培训需求调查与培训计划制订工作；

（2）积极参与企业培训课程，遵守企业培训规则要求；

（3）完成企业培训工作报告的撰写与呈报。

四、培训方式

1.企业培训方式分为部门内训和外训两种。

2.部门内训由部门主管牵头，部门培训管理员负责制订培训计划与落实方案，并纳入各部门年度、月度整体工作计划中，保证内训质量。

3.参加外训员工须为在本企业工作经历超过一年、且有长期在本企业工作打算的员工。

4.参加外训员工须注意个人言谈举止，努力树立企业良好形象。

五、培训者管理

1.培训者由内部讲师和外聘讲师两部分组成。

2.内部讲师选拔要求：

（1）相关岗位工作经验两年以上，技术熟练程度与行业经验在企业内处于领先地位；

（2）熟悉企业发展信息、行业最新动态，并且具有较高的理论水平；

（3）口语与书面表达能力较强，能完成备课、讲课等培训工作。

3.对于聘请的外部讲师背景、资质、授课经验等应进行调查与审核。

六、受训者管理

1.培训开始前15分钟到场签到，不迟到、不早退，未签到且无请假条或出差条者一律以旷课论处。

2.因故无法按规定参加培训时，提前一天填写请假条交人力资源部门，要求请假条有本部门主管人员签字，部门经理请假要有副总裁签字。

3.受训者课堂期间必须将手机关闭。

4.课堂上受训者应认真听讲，避免交头接耳或进行与培训无关的事务。

七、培训资源管理

1.培训中涉及的各项培训资源，包括培训教材、教具等均属企业资产，由人力资源部登记在册。

2.在已配备的培训资源外，受训者如需其他资料、工具，可向人力资源部门申请，由人力资源部审核批准后统一购买。

3.参与培训的企业员工应当珍惜企业的培训资源，如果因个人原因造成培训资源的浪费、损坏，需要该个人承担相应责任。

八、奖惩制度

1.人力资源部门对企业培训情况进行评估，并执行奖惩办法。

2.对于培训成绩优异者，企业给予其一定的奖金奖励。

3.对于违反培训规则者，在企业范围内给予通报、扣除奖金等惩罚。

2. 培训流程设计

如果说企业培训规则是针对企业培训进行的相对宏观的设计，那么培训流程则是从更加深入细致的角度，提前将培训的各个阶段、环节加以详细安排。

（1）培训流程设计的基本要求

接续性是培训流程设计的关键特征，培训中不同环节之间的依次进行是企业培训流程设计追求的主要目标。因此，在进行企业培训流程设计时，要求设计者对企业培训的全部环节及其实施办法有相当的把握，不仅要避免环节安排错漏，还要尽可能保证企业培训实施的顺畅、高效，避免因为培训流程设计不周而导致的培训滞阻、低效现象。

（2）培训流程设计的环节

一般来说，企业培训流程设计要包含培训需求分析、培训计划制订、培训实施与控制、培训考核与评估四大环节。

①培训需求分析，是企业培训得以进行的基础。在这一环节中，企业培训应当明确企业自身发展与现有员工能力之间的差距，找到企业培训的价值、意义与切入点，从而有的放矢地展开企业培训。

②培训计划制订，详细来说，这部分内容应当包括企业培训计划的制订、审批、公示、修改四个环节。同时，在企业培训流程设计中，应当对每个环节的执行过程、实现时间等有明确计划。

③培训实施与控制，涉及培训的主要实现过程，是培训流程设计的主要环节，其内容包含培训准备、发送培训通知、培训纪律管理、培训过程管理等多个细节。详细的培训实施与控制环节是培训顺畅进行的有效保证。因此，在设计这一环节时，企业培训管理者应当不厌其烦，尽可能设想出培训实施的全过程，对其中每一个实施细节和可能出现的问题进行预先准备，在流程设计时就想好应对措施。

④培训考核与评估，这是培训流程设计的最后环节，这一环节应当包括对受训者的考核设计和对培训效果的评估设计，同时还应有收集反馈意见、培训总结、培训信息库管理等必要内容。

企业培训流程设计往往会形成文本形式的流程设计书。以下是一个基本的企业培训流程设计书的示例。

×× 企业培训工作流程设计

一、培训需求分析

1.企业人力资源部制订《企业培训需求调查表》，在11月下旬开展企业年度培训需求调查，于12月上旬汇总信息，提出年度培训需求报告，并完成培训需求申报。

2.各部门负责人在培训需求调查时应当尽力配合，积极填写《企业培训需求调查表》。

3.12月中旬，企业给出企业管理层对培训需求报告的意见、批复，最终确定企业培训的需求方向。

二、培训计划制订与审批

1.培训计划制订：

（1）企业人力资源部结合各部门上报的部门培训计划和预算，确定企业年度部门培训计划及预算；

（2）企业人力资源部结合年度培训需求，确定企业年度企业级培训计划及预算；

（3）企业人力资源部将汇总的培训计划及预算与所涉及的各部门进行协商，确定最终的企业年度培训计划及预算。

2.培训计划审批：企业人力资源部将最终企业年度培训计划及预算交给企业管理层审核，审批应在12月31日前完成。

培训计划公示：次年1月初，企业人力资源部将审批通过的最终版培训计划在企业内部公开发布，并征求意见。

培训计划修改：根据各部门的反馈意见，对企业年度培训计划进行调整，并将调整结果及时在企业内通报。

三、培训实施与控制

1.培训准备：

（1）人力资源部负责选择、租赁、布置培训场地；

（2）人力资源部负责选择培训讲师；

（3）人力资源部负责准备教材、教具、学习用品等培训资源。

2.发送培训通知：人力资源部提前一周在企业内部发送企业培训通知，通知内容应清晰表明培训时间、地点、受训人员和培训内容。

3.培训纪律管理：

（1）要求受训者提前到达培训场地，自觉签到，并由人力资源部进行管理；

（2）要求受训者认真听课，积极参与课堂讨论，不做与培训无关的事情，由人力资源部进行监督。

4.培训过程管理：

（1）培训者按计划进行培训，同时培训者应当及时搜集受训者的反馈，并做出必要调整；

（2）人力资源部对课堂情况进行跟踪、监督。

四、培训考核和评估

1.培训考核设计：采取书面测试、写培训心得、演示、演讲等多种方式对受训者进行考核，综合考察受训者的学习情况。

2.培训效果评估：综合调查培训者、受训者、各部门负责人的意见，对培训效果进行评估。

3.收集反馈意见：由人力资源部牵头，收集培训参与各方对本次培训过程的意见。

4.培训总结：综合培训考核、评估、意见的内容，完成本次培训的总结报告。

5.培训信息库管理：及时更新、整理培训信息库内容。

二、设定培训节奏，保障培训的有序性

现代企业培训是计划性很强的企业活动，从前期准备到实际执行再到最后评估总结，时间跨度一般在三个月到一年之间。面对这样长的培训周期，企业培训的管理者必须要把握好企业培训开展各阶段的节奏，以保障培训活动的有序进行。由于现代企业培训课堂日趋复杂化，各种新型授课方式对培训者的节奏把控能力提出了更高的要求。也就是说，无论是对于企业培训管理者，还是培训者，都需要设计恰当的培训节奏，保障培训活动的顺利推进，确保培训效果的高效实现。

1.控制好培训前期准备的节奏

现代企业培训为达到科学的培训效果，必然要经过一段时间的前期准备。

一般来说，企业培训前期准备阶段主要包括企业培训需求调查、企业培训计划设计和课程准备三个主要环节。如何把控好这三个环节的节奏，将直接关系到后续企业培训的推进效率。

（1）企业培训需求调查

企业培训需求调查是前期准备阶段中的基础部分，它是决定企业培训具体目标、实施方案、预算等的前提，在企业培训全过程中占有重要地位。虽然根据企业的规模大小不同，企业培训需求调查所需的时间长短也有所不同，但为了保证企业培训的顺利进行，往往都会在准备阶段给出比较充裕的时间。然而，从另一方面来说，由于这一阶段处在企业培训全过程的最初阶段，企业培训管理者在分配时间时有时会分配得过于充裕，而严重挤压后期环节的准备时间，造成企业培训整体节奏的失衡。

通常来说，企业培训需求调查在一个月以内就应当完成，不宜分配太长的时间。同时，进行企业培训需求的调查者还要明确调查目的、充分使用调查工具、分配调查人力，以提高企业培训需求调查的效率。

具体而言，企业培训需求调查者在调查之初，应当明确调查的目的和范围，确定企业培训需求的级别（部门级别、企业级别），制订符合调查目的的企业培训需求调查表或调查问卷，有针对性地联系企业各部门负责人。同时，在计算企业培训需求调查时间时，企业培训管理者还应将企业培训需求的申报、审批时间预估在内。

（2）企业培训计划设计

企业培训计划设计是企业培训前期准备阶段中的重点与难点，它直接决定企业培训后期的方案和方法。在进行企业培训计划时，计划者要沟通培训者、受训者、企业管理者等多方意见，制订出最经济和最合理的培训方案。

这一阶段的实现，对培训计划设计者的综合素质要求较高：既要求培训计划的设计者有良好的沟通能力和信息整合能力，又要求其对企业的运行状况把握准确，并对企业培训的基础理论及其实际操作方法、途径有足够的了解。

在企业培训计划的设计阶段，设计者应当注意为计划审批、公示、征集意见和调整留足时间。在企业培训计划的策划阶段，切忌一蹴而就，切忌设计者做"拍脑门"决定。有效的企业培训计划，一定是在与企业培训的参与者、管理者等多方进行充分沟通，全面征求各类意见，经过对计划方案的多轮探讨与修订后，才最终确定下来的。

（3）课程准备

课程准备环节是企业培训前期准备阶段中相对简单的一个环节，因此也应当相对严格地对这一阶段的时间进行控制，避免节奏拖沓。在企业培训计划已经设定的预算范围、需求范围内，在企业培训计划已经设计好的课程实现办法基础上，要有效分配人力、财力，解决课程的场地选择、教材选择、教具选择，这是课程准备环节的主要内容。想要在这一阶段把控好企业培训的推进节奏，最关键的是严格依照前一阶段已经确定的企业培训计划办事。

需要注意的是，在一些企业培训项目推进过程中，在课程准备环节中往往会出现因实际操作与培训计划相背离而导致的培训推进节奏混乱的情况。而一旦实际的培训措施与课程准备环节背离，那么不仅前期准备中投入的大量时间成本会被浪费，后期企业培训课程的推进也会受到严重的影响。

另外，不论出于企业培训前期准备的哪一具体阶段，企业培训管理者都应当为每一阶段设置截止时间点，并根据截止时间点倒推各阶段时间分配的具体办法，以保证企业培训准备工作的高效进行。

2. 把握培训课堂的进展节奏

企业培训的节奏设计属于纸上工程，更重要的是在培训课堂上的实际控制行为。良好的企业培训节奏不仅能保证课堂知识的传递速率，而且还能让受训者更高效地接受新知识，达成良好的学习效果。为了把握好培训课堂节奏，需要培训者掌握一些具体的培训节奏控制原则与技巧。

（1）充分认识到课堂时间的珍贵性

虽然这一基础性原则似乎是理所应当的，但在实际操作中却常常被许多培训者忽视。课堂是传递知识的场所，在课堂上开展的每一项活动都应以高效的知识传递为目的。但在国内许多企业培训者的课堂上，培训者的自吹自擂或与培训内容无关的段子笑话却占据了不小的课堂时间比例，严重降低了企业培训课堂的效率，影响了培训的效果。这是所有企业培训者应当警惕和避免的问题。

（2）认识到"课堂知识传授的速率不等于知识传递的效率"

只有当知识被受训者真正接受，如此才算是完成了有效的知识传递。也就是说，培训者应当避免盲目追求课程开展的进度，从而影响了授课的实际效果。

（3）掌握一些课堂节奏把控的技巧

掌握一些课堂节奏把控的技巧，比如让受训者感受到进展；为课程设置主线；设置鲜明的界限；制造紧迫感；适当暂停等。

①让受训者感受到进展。受训者往往会对有新鲜感的知识感兴趣，因此培训者在课堂上可以适当强调知识的新颖性，引发受训者的求知欲。而且，这样的做法也可以为课堂知识体系的建立起到提纲挈领的作用。

②为课程设置主线，适应受训者注意力的特征。过细、过多且零散的知识点容易引起受训者注意力的分散。因此，培训者可以以每节课为单位，将知识点通过一条知识主线串联起来，让各个不同的小知识点都能够有所依附，更容易被受训者接受和理解。

③设置鲜明的界限，是指培训者在课堂不同的知识传授阶段或活动之间设置明显的分界线，让每一个知识传授阶段或活动开始和结束的界限清晰干脆。通过鲜明的界限划分，增强企业培训课堂节奏的明快性，进而对受训者的学习过程产生积极的影响。

④制造紧迫感，要求培训者有意识地为受训者制造适当的时间紧迫感，

以加快课堂节奏，增强企业培训效率。比如，在课堂讨论阶段，培训者可以通过在活动的最后五秒倒数"5—4—3—2—1"的方式，为受训者营造紧迫感，迫使其务必形成自己的最后意见。

⑤适当的暂停，强调在企业培训过程中培训者应当设置学习的间隙和留白。在企业培训过程中如果受训者被连续长时间不间断地输入新知识，就很容易产生倦怠感，影响培训效果。因此，培训者应当在课堂中适当设置时间空当，为课堂节奏留白，从而保证受训者在学习过程中主动思考，并保持其对学习内容的新鲜感和主动性。

三、针对现场干扰，采取有效的应对措施

充分、完善的前期准备、规程设计，能够在很大程度上避免企业培训过程中遇到的意外状况，但也不能完全杜绝企业培训现场会出现干扰或意外情况。

一般而言，这些发生在企业培训现场的干扰，可能出现在企业培训的任何环节，既有可能来自受训者，也很有可能就来自培训者自身。因此，想要取得良好的企业培训效果，就需要企业培训的管理者和培训者事先了解企业培训现场经常出现的干扰类型，并熟练掌握应对不同现场干扰的有效措施。

在企业培训现场中，经常发生以下几类干扰情景：授课错漏、课堂沉闷、课堂混乱、学员质疑等。

1. 授课错漏

授课错漏指的是培训者在授课过程中遗忘或讲错培训内容的意外情况。事实上，站在企业培训现场中的培训者，不论其经验多么丰富，也不论其课前准备得多么充分，几乎没有人能够一字不差地将课前准备的内容全部表达出来。也就是说，培训者在授课时发生小的差错是无法避免的。对此，培训者应当放下心理负担，放平心态——只有不怕遗忘和出错，才能真正减少遗忘和出错。

另外，培训者可以通过"超额备课"的方法，应对因遗忘带来的授课错漏的情况。所谓"超额备课"就是要求培训者在进行课前准备时，有意识地超额度完成备课任务。比如，当一堂课的授课时间为1小时的时候，采取"超额备课"法的培训者就需要准备1.5小时，甚至2小时的课堂内容。这样的"超额备课"，一方面能弥补培训者在课堂上自然遗忘的内容，另一方面也能有效增强培训者在课堂上的信心，随时灵活调整和应用最适宜的备课内容。

除了遗忘以外，培训者在培训课堂上还难免会犯一些错误。对于不同级别的错误，培训者应当区别对待。当培训者所犯的错误是与培训内容密切相关的知识性错误（遗忘知识点、遗漏重要的课堂环节、讲错知识点等）时，培训者应当立即承认错误，并及时纠正自己的错误，以避免对培训造成不可挽回的负面影响。但是，当培训者所犯的错误属于口误等非严重错误（叫错名字、读错字音、遗漏非必要环节等）时，培训者不应过于纠结一时的错误，简单带过即可，以免打乱正常的授课节奏，影响授课效果。

2. 课堂沉闷

许多年轻的企业培训者在授课过程中充满热情，希望自己的激情能从培训现场的受训者身上得到积极反馈，但收获的却常常是沉默、消极的课堂氛围。这是因为，虽然培训者自己内心的热情满满，但是没有实现有效的讲学互动，没有带动起受训者的学习积极性。针对这种情况，培训者可以通过积极设置讨论、提问等常规性互动环节，并在课堂中穿插一些有趣的辅助性活动，从而让沉闷的课堂能够"热闹"起来。

除了积极增强互动环节之外，现代企业培训还常常借助视觉刺激、声音刺激等各类其他辅助手段来激起受训者的学习兴趣，增强其课堂积极性。

3. 课堂混乱

课堂混乱通常是指课堂纪律较差的培训现场情况。当培训为非技术性培训且培训人员众多时，尤其容易出现此类意外。在企业培训的现实经验中，混乱的课堂最容易打击培训者的培训积极性。比如，不断响起的手机铃声、课堂上的交头接耳，甚至是受训者的随意走动等都有可能导致课堂混乱。在这样的课堂环境下，培训者很难正常进行授课，培训效果自然不好。因此，培训者一定要想办法对混乱的课堂秩序加以控制，但是究竟如何控制却着实考验培训者应对意外干扰的能力。

直接批评扰乱课堂纪律的受训者，这是许多培训者首先想到的办法。这一办法虽然最直接，但却不一定是最优的处理方法。因为一旦培训者直接批评扰乱课堂纪律的受训者，课堂节奏即刻就被打乱了，课堂氛围也会马上降至冰点。在这样的处理模式下，被批评的受训者不一定能改正错误，而原本认真听课的受训者也受到了影响。因此，除非现场的混乱严重影响了授课进程，否则培训者不要轻易暂停授课；对于小的违反纪律的情况，培训者可以考虑忽略。

当然，为了避免课堂混乱，培训者在课堂刚开始时，即应言明课堂纪律，并适当设置一些在自己职权范围内可以实现的奖惩措施，以达到良好的约束效果。

4. 学员质疑

学员质疑一般分为两类，一类是对授课内容的质疑，另一类是对授课讲师的质疑。

为了解决前一种质疑，需要培训者对授课内容有深入的把握和理解，面对受训者的疑问能快速反应，有效解答。但当质疑者为个别学员，或反复讲解后仍无法为其解惑时，培训者应当暂时搁置质疑，承诺课后或以后为受训者再解答，以避免影响正常的授课节奏。

当质疑是针对培训者个人时，培训者一定不能过多占用课堂时间解决问题，可以尝试在课后与质疑者进行沟通，取得对方的信任。而当这种信任实在难以达成且质疑者是课堂中的个别学员时，培训者要设法降低这种质疑对培训课堂的负面影响，可以选择忽略对方的质疑。

第七章

持续提高：客观评估培训效果，推动能力晋级

　　企业培训随着课程的结束，受训者和培训讲师的主要任务就已完成，但这绝不意味着培训管理者工作的结束。对于企业培训的管理者来说，培训课程进入尾声，就意味着另一重要培训阶段工作——企业培训效果评估的开始。

　　企业培训效果评估作为企业培训必不可少的一部分，对企业培训的效果实现起着重要的保障作用。已经完成了的企业培训，其设计是否合理，其进行是否顺畅，其效果是否达成，等等，都需要通过科学客观的企业培训效果评估工作来回答。可以说，企业培训效果评估工作是整个企业培训完成后必须参加的一次"考试"。通过这样的一次"考试"，企业培训的全过程及其最终效果得到了检验，也为之后的培训效果的持续提高提供了动力。

一、实施培训效果评估，及时掌握培训效果

所谓企业培训效果评估，是指企业培训的管理者针对企业培训工作的设计、进行、效果等是否完成或达到预计效果而进行评价与衡量。它是完整的企业培训体系中必不可少的重要组成部分，对整个企业培训系统起着至关重要的评价、监督和管理作用。

因此，企业培训的管理者必须重视企业培训效果评估工作，在企业培训中的适当节点上，安排好必要的企业培训效果评估工作，及时掌握培训的效果，并做出相应的对策，以保证和提高企业培训工作完成的效果。

1. 效果评估应贯穿企业培训过程始终

企业培训效果评估是以企业培训结果为导向的。因此，许多企业培训管理者想当然地认为企业培训效果评估应当在整个企业培训授课工作结束后再开展。事实上，这样的观点虽不少见，但却并不是科学的。

企业培训授课工作结束后开展培训效果评估，这的确是企业培训效果评估工作的主要阶段，但却不应该是企业培训评估工作的全部阶段——理想的企业效果评估工作应当贯穿企业培训过程的始终。

在企业培训结束阶段所进行的效果评估，其作用主要是对已完成的企业培训效果的监督与测评，并为下一次企业培训提供参考性意见。但对于正在进行的企业培训来说，如果等到培训完全结束后再进行效果评估，那是无法起到即时性效果的。而事实上，有效的企业培训效果评估所能承载的作用，远不止这些。

完整的企业培训效果评估，应当安排在企业培训开始前阶段、进行阶段和结束阶段三个时间点上。

（1）企业培训开始前的培训效果预估

在企业培训开始前进行培训效果评估，也称"训前评估"，其实质是对企

业培训效果的一种预估。在这一阶段所进行的企业培训效果评估，企业培训管理者需要综合搜集各方面信息，例如企业培训需求、企业为培训所能提供的预算、培训讲师能力素质、受训者特点等，从而对企业培训可能产生的最终效果进行前期的预估判断。

这一阶段的企业培训效果评估是企业培训前期准备的必要组成部分。通过培训前的效果预估，企业培训的管理者能够预判最终的培训效果。因此它能使企业培训管理者对培训的目的、必要性产生更加深刻和准确的理解，从而帮助企业培训管理者更科学地审批企业培训的设计方案。

在企业培训的实践中，培训前的效果评估能够有效阻止许多非必要的企业培训方案的实施，能杜绝很大一部分不必要的企业培训的浪费。

（2）企业培训中期的培训效果评估

在企业培训中期进行的效果评估，也称"训中评估"，主要是对企业培训进行过程的监督。它的目的主要是根据培训过程中所收集到的反馈信息，及时对企业培训方案进行精准微调。不论企业培训的前期调查和准备多么充分，预先设计的企业培训计划都不可能与真实的培训情况完全契合，因此就需要这一阶段的培训效果评估。这一阶段的评估主要是围绕受训者对培训讲师、培训内容、课程设计、教学方式方法的反馈展开的，企业培训管理者通过对受训者的培训感受、心理状况、培训建议等信息的收集、整理和总结，对正在进行的企业培训活动进行评价和衡量，并根据评估结果对企业培训计划进行及时调整，以保证达成预期的培训效果。

（3）企业培训后期的培训效果评估

在企业培训后期进行的培训效果评估，也就是我们通常所称的"效果评估"，它是企业培训评估工作中工程量最大的一部分，是对全部完成了的企业培训活动的总体评价与衡量，是对企业培训活动最终价值、质量和效果的考核。这一阶段进行的企业培训效果评估在整个培训体系中占有独立地位并具有重要意义，它不仅是对培训效果的最终检验，也是规范企业的培训体系、培训人员等的重要途径。因此，本章后面部分的内容将主要围绕这一阶段企业培训效果评估的具体实施办法具体展开。

2. 五方介入，共同做好企业培训评估

许多企业培训的管理者认为，企业培训评估是企业培训管理者一力承担的工作任务，甚至认为，企业培训评估作为企业培训的后期任务，应当尽量减少对企业中其他工作部门的打扰。事实上，这种认识是不正确的。在企业培训评估工作中，虽然培训管理者往往是牵头人和主要执行者，但企业培训的管理者也只有在企业多方人员的共同参与和帮助下，才能真正完成好企业培训评估工作。也就是说，理想中的企业培训评估工作应当是一个企业级的工作项目。

具体来说，在进行企业培训评估工作时，需要企业领导方以及企业培训参与方、执行方、关联方和受训方五个方面人员的共同参与。

（1）企业领导方

企业领导方一般指企业中的高层领导。这一部分人员作为企业的管理者，往往不会直接介入企业培训的评估工作，但却从更高层面把控着企业评估工作的基本方向。比如，企业培训评估工作的基本经费、实施方案都需要企业领导方的审批；又比如，跨部门进行的企业培训评估工作，需要企业领导方的支持和调配。

对于领导方，企业培训的管理者必须从数据、方案等多方面给出能让其信服的企业培训评估计划，打消领导方可能存在的疑虑，争取获得更多的支持。

（2）企业培训参与方

企业培训参与方主要指以企业中以培训经理为代表的企业培训管理者。在企业培训评估工作中，他们是主要的牵头者和实施者，设计培训评估方案、组织完成信息收集、分析评估信息内容、撰写评估报告等企业培训评估的具体工作都往往由这部分人员完成。在企业培训评估工作的过程中，他们实际上起着联系各方的纽带作用。

除掌握科学的企业培训评估办法是企业培训参与方有效完成企业培训评估工作的关键外，企业培训参与方还应格外注意做好与企业培训各个支持部门的良好沟通。

（3）企业培训执行方

企业培训执行方主要是指培训者，即培训讲师。在企业培训评估过程中，企业培训执行方往往要与企业培训参与方共同设计出企业培训的评估方案。企业培训执行方对于企业培训的效果反馈十分值得重视。因此，企业培训执行方也是企业培训评估工作的重要调查方。

另外，在企业培训评估结束后，企业培训执行方还需要根据企业培训评估结果进行自我总结与反思，积极改进自己的培训内容与方法。

（4）企业培训关联方

企业培训关联方，通常指的是受训者的上级。他们从决策层面参与了企业培训计划的最初设计，同时是受训者的直接管理者和企业培训结果的主要见证者。在企业培训评估工作中，企业培训关联方往往起着协助组织评估活动，以及为评估活动提供意见、信息的作用。创造适合企业培训评估工作开展的部门内部环境，也是企业培训关联方在企业培训评估工作中的重要任务。

（5）企业培训受训方

企业培训受训方即在企业培训中接受培训的企业员工。他们是企业培训评估工作的重点调查对象和评估对象。对于这一部分人员，企业培训的管理者必须努力让其理解企业培训评估工作的重要意义，引导其真实、认真地接受和参与企业培训评估工作，将自己最真实的意见和表现反馈给企业培训的管理者。

3.六种常用的企业培训效果评估方法

要想做好企业培训评估，企业培训评估者必须掌握多种评估方法。目前企业培训评估中常用的方法有：笔试测试法、实操测验法、观察法、面试法、案例测验法、问卷调查法等。

（1）笔试测试法

笔试测试法，也就是我们通常说的考试，通过笔试答题的方式对受训者的培训效果进行测试。这种测试方法的投入成本较低，适用面较广，可大规模使用。在企业培训评估中通常作为理论技术性培训的评估方法。但笔试测试法也有其缺点：一方面，在分析评估结果时，需要投入较多人力；另一方面，笔试测试难以对学员的深层学习效果进行评估。

（2）实操测验法

实操测验法，即在实践操作中对受训者进行测验。这种方法测试结果真实，能对培训的后期实践效果做出有效评估，通常被应用于实践技术类培训测试。近年来，也有一些培训效果评估采用模拟情景测试、受训人员角色扮演等新兴实操测验方法。但总体来说，实操测验法的适用范围仍然相对较窄，使用时需要付出的成本较高，不建议广泛使用。

（3）观察法

观察法，是指企业培训评估者根据预先指定的评估提纲或观察表，对评估对象进行观察，以获得评估资料的方法。科学的培训评估观察法具有目的性、计划性、系统性和可重复性等特点。但是，这种评估方法对企业培训评估者的能力要求较高，评估者除要具备相应的专业知识外，还要有敏锐的观察能力，能够发现企业培训中的各类细节，也不遗漏偶然事件。

（4）面试法

面试法，也称"提问法"，是与笔试测试法相对应的，即通过面谈的方式对受训者进行考查的评估方法。面试的方法能更加灵活、深入地考察受训者的培训效果，因此，更适合于那些难以通过笔试考查的培训类型。但是，面试的投入成本也相对较高，而且评估者的主观因素影响较大。所以，面试法不宜应用于大规模的员工培训的效果评估；而且，在使用面试法进行企业培训效果评估时，必须保证评估结果的真实性、客观性。

（5）案例测验法

案例测验法，通常是通过让受训者在了解预先设计的案例材料的基础上，回答评估者的问题或给出分析报告的评估方法。对案例的分析结果既可以采取口头报告形式，也可以采取书面报告形式。这种方法的优点是操作方便，适用于对某种具体的管理能力培训的效果评估。

（6）问卷调查法

问卷调查法，是企业培训效果评估中使用最广泛的评估办法。这种方法主要通过填写问卷的形式，让企业中所有与培训相关的人员都能快速、有效地递交自己的意见，评估实践的成本相对较低，覆盖面较广，获得的信息也非常利于后期评估时的定量分析和定性分析。

二、针对非预期的培训效果，分析培训效果不佳的根源

企业培训效果评估的最终目的，是为了发现企业培训过程中出现的问题，并针对非预期培训效果，分析出其产生的根源，制订相应的应对措施，以保证在后续培训中杜绝这种非预期培训效果的出现。想要达到企业培训效果评估的这一目的，企业培训管理者必须能够对企业培训评估结果进行科学分析。

1. 定量分析与定性分析相结合，科学分析培训效果

根据能否用数字衡量的标准，企业培训评估所涉及的数据可以分为"硬数据"和"软数据"两类。"硬数据"是改进情况的主要衡量标准，以比例的形式出现，是以培训投资、产出、成本、时间等为代表的一些易于收集的事实资料，以及可以数据化的其他调查结果。"软数据"是指以培训氛围、技能实践效果、培训满意度等为代表的难以数据化的其他企业培训评估信息。

针对企业培训数据的两种不同类型，企业培训管理者在进行企业培训效果分析时也应综合运用定量分析和定性分析两种不同的分析办法，力求做到科学分析。

（1）定量分析

定量分析，是指对培训效果评估过程中收集来的多种信息内部及其之间所包含的数量关系进行分析，或对不同信息所包含的性质、特征、相互关系等在数量关系上进行比较分析。定量分析具有实证性、明确性、客观性等特点，能准确客观地对企业培训效果进行分析、归纳。而且，定量分析的内容和得出的直接结果，通常都是以数据形式出现的，因此在展现数据与分析评估结果时，可以形成较为直观的、一目了然的图表。

但在企业培训效果评估中使用定量分析法，则要求企业培训管理者在评估开始之前，对评估方案与评估程序有所涉及。比如为了便于实现定量分析，企业培训效果评估在采用问卷调查法时，应当有意识地设置相当数量的封闭式选择问题，让被调查者在有限的选项间或规定的程度内，选出自己认同的反馈信息。这种操作特征也使得定量分析法相对刻板，能够分析的内容范围也相对有限，有时可能造成细节上的疏漏。

（2）定性分析

定性分析，是指企业培训管理者从定性的角度，对所得到的企业培训评估信息进行科学抽象的理论分析，并从概念认识的角度进行处理。定性分析能够覆盖无法进行定量分析的各类企业培训的"软数据"，具有灵活性、深入性等特点。

在进行具体的企业培训效果评估时，定性分析与定量分析往往是相互补充的。定性分析是定量分析的基本前提，没有定性的定量分析是盲目的、无价值；而定量分析又可以使定性分析更加科学、准确，促使定性分析得出广泛而深入的结论。只有二者相辅相成，结合起来灵活运用，才能取得最科学、最准确的评估结果。

2. 柯氏评估模型：分层次分析企业培训效果

想要发现非预期培训效果，进而分析培训效果不佳的根源，企业培训管理者就必须掌握一定的科学评估工具。在当今世界范围，使用最为广泛的企业培训评估模型之一就是"柯氏评估模型"。

柯氏评估模型，又叫柯氏四级培训评估模式，于1959年由国际著名学者威斯康辛大学教授唐纳德·L.柯克帕特里克提出。它是当今世界上应用最为广泛、接受程度最高的培训评估工具之一，在培训评估领域具有难以撼动的地位。

柯克帕特里克总结发现，企业培训的效果评估有观察受训者的反应、检查受训者的学习结果、衡量受训者培训前后的工作表现、衡量公司经营业绩的变化这四种方式。因此，柯氏评估模型指出，有效的企业培训评估应当分别从反应层、学习层、行为层和结果层四个不同层次来分析培训效果。

（1）反应层评估

反应层评估，主要是评估受训者的满意程度。进行这一层次的评估时，要收集受训者对培训活动各个方面的看法和意见。具体包括：受训者对企业培训讲师、课程设置、培训场地、培训设施、培训方法等的想法。反应层评估主要采取问卷调查法来收集受训者对于培训项目的效果和实用性的反应。

这个层次的评估可以作为改进培训内容、培训方式、教学进度等方面的依据或参考，但因这一层次的评估个人主观意见发挥了非常大的作用，因此并不能直接作为培训评估结果。

（2）学习层评估

学习层评估是目前最常见和最常被用到的一种评价方式。它的主要内容是测量受训者对培训的原理、事实、技术和技能的掌握程度。学习层评估的常见方法包括笔试、实操测验法和案例测验法等。企业培训管理者可以通过书面考试、操作测试等方法来测验受训者在培训前后，对所培训的知识和技能的掌握情况。同时，企业培训管理者强调对学习效果的评价，也有利于增强受训者在培训进行时的学习主动性。

（3）行为层评估

行为层评估往往发生在培训结束后的一段时间，由受训者的上级、同事或客户为评估主体，观察受训者的行为在培训前后存在的差别，判断受训者是否在工作实践中真正运用了培训中学到的知识。这个层次的评估通常包括受训者客户的主观感觉，上级、下级和同级对其培训前后行为变化的对比评价，以及受训者本人的自评。

进行行为层的评估时，人力资源部门与其他各部门之间要建立起良好的沟通关系，以获得真实有效的员工行为信息。这一阶段的评估数据尽管较难获取，但意义重大——因为只有培训参与者真正将所学的东西应用到工作中，才算是真正达成了培训的目的。

（4）结果层评估

前三个层次评估都是对受训者受训情况进行评估，而对结果层的评估则上升到了组织的高度，在部门和组织的大范围内，了解培训带给组织上的变化。简单地说，结果层评估实际上是寻求关于"组织是否因为培训而经营得更好了"这一问题的答案。

在实际评估时，结果层的评估可以通过对一些指标（如事故率、生产率、员工流动率、产品质量、企业氛围以及企业对客户的服务等）的衡量来完成。通过结果层的评估，企业能够深入、详细地了解企业培训所带来的收益。

在实际的企业培训评估操作过程中，随着柯氏评估模型的四个评估层次的不断升级，企业培训评估的难度和费用也会不断增加，这使得不少企业会在实际的企业培训评估过程中，根据自身的评估需要，有选择性地将一部分企业培训情况作为评估内容。但是，随着评估指标与评估数量的减少，评估的精准性又会有所下降。因此，恰当地选择评估模型，并选择恰当的评估指标是非常重要的。

三、让培训效果与绩效薪酬挂钩，强化员工培训参与度

企业培训效果取决于"能力"和"动机"的激发程度这两个因素。"能力"是指企业在培训活动中所表现出的各方面客观的综合素质，"动机"就是指受训者在主观态度上接受企业培训的主动性。在企业培训活动"能力"一定的情况下，受训者的"动机"程度越高，培训效果就越显著。

1. 建立培训激励机制，构建学习型企业

想要提高企业培训的效果，强化企业受训员工的参与度是根本的关键点。只有受训者真正重视培训课程，积极地参与培训过程，主动地将所学习的新知识、新技能应用到实际工作中去，企业培训才能真正发挥其预期的作用，企业才能真正获得超越投资的培训回报。相反，不论培训课程设置多么合理，培训内容多么具有针对性，一旦受训者不买账，采取消极抵触的受训态度，那么再好的培训计划也只能是一张白纸，发挥不了多大的作用。

而为了能最大限度地调动员工参与培训的积极性，企业必须主动设置一套与员工绩效薪酬等关键因素相关的培训激励机制。所谓培训激励机制，是一种以刺激、激发受训者的学习冲动和学习欲望为目的的，通过特定的方法与管理体系，令员工承诺将全力参与企业培训的机制体系。

通过企业培训激励机制的建立，能够给企业培训的实现甚至企业本身的发展带来重要的正面影响。

（1）企业培训激励机制的建立，有利于企业培训的持续开展

企业培训活动的实现是不可能凭借企业的一厢情愿完成的，员工的参与热情、学习热情是实现企业培训活动的重要因素之一。而有效的企业培训激

励机制能够充分点燃员工的受训热情，让员工化被动为主动学习培训课程，看似只有一词之差，却能带来天壤之别的培训效果。

（2）企业培训激励机制的建立，有利于培育员工终身学习的理念

学习的确是一件苦差事，但是通过学习获得回报的经历会对企业员工产生深远的、积极的影响，它能不断引起员工的学习欲望，引发员工主动学习。在实践中我们发现，在企业培训激励机制的鼓励下，很多员工的学习态度实现了从一开始的抵触培训，到乐于参与企业培训，再到自主寻找学习机会的转变。像这样拥有终身学习理念的员工越多，企业的未来发展就越受益。

（3）企业培训激励机制的建立，还有利于构建学习型企业

所谓学习型企业，是指通过培养弥漫于整个企业的学习气氛，充分发挥员工的创造性思维能力而建立起来的一种有机的、高度柔性的、扁平的、符合人性的、能持续发展的企业。这种学习型企业具有持续学习的能力，能发挥出高于个人绩效总和的综合绩效的效应。而建立有效的企业培训激励机制，能为员工的持续性学习和发展提供强有力的结构性支持，有助于在企业内部营造一种持续学习和进步的良好氛围，从而帮助企业培训实现从个人学习向企业学习的发展和转变。

2. 绩效薪酬与企业培训挂钩的激励方法

在企业培训激励机制的众多激励方法中，最直接有效的激励方法当数绩效薪酬与企业培训挂钩的激励方法。

（1）绩效薪酬与企业培训挂钩的激励

这类激励方法通常包括绩效激励、薪酬激励和股权激励三种形式。

①绩效激励。绩效激励，是指为了更好地实现企业培训的效果，企业采用科学的方法，在对员工个人或群体的行为表现、劳动态度和工作业绩以及综合素质进行全面检测考核、分析和评价的基础上，对其给予一定比例的物

质奖励的活动过程。绩效激励的灵活性相对较高，可以根据具体的项目灵活设置不同的绩效体系，因此是企业培训激励机制中经常采用的激励办法。

②薪酬激励。薪酬激励，顾名思义，就是通过提高企业员工的薪酬，来达到激励员工积极参与企业培训的激励方法。薪酬激励是最直接和最常见的企业培训激励机制，这种激励方式最容易受到受训者的欢迎。在采取此类激励办法时，除了提高薪酬额度外，企业还可以尝试通过同样的薪酬数额不同的支付方式等小技巧来实现薪酬激励效能的最大化。

③股权激励。股权激励，主要是指在一些附加条件的基础上给予员工部分股东权益，让其成为企业的利益共同体，以此提高企业员工的主人翁意识，促进企业与员工的共同成长，进而达到更好的企业发展目标。这类激励往往是针对企业的老员工和骨干员工设置的，在企业培训中使用得相对不多。

另外，在企业培训机制中还可用根据企业培训的实际情况灵活设置多种激励办法，如发展奖励（为培训中发掘的优秀人才提供企业中更好的发展机会的激励方法）和反向激励（领导者通过向下属的心理施加反向的负刺激，来激发他们的自尊心和荣誉感的方法，如末尾淘汰法）等。

（2）建立培训奖励机制的原则

面对不同的企业培训对象和企业培训目标，管理者可以有针对性地选择或复合设置不同的企业培训奖励机制。但不论企业培训奖励机制的具体内容有何区别，一般来说，都需要遵循以下五个原则。

①建立"以人为本"的激励机制。企业培训的激励机制应当契合企业培训可能达到的效果现实，预定的激励目标不能过于空泛或者根本难以达到，否则激励机制只能沦为一纸空文，自然也起不到应有的激励作用。

②建立公平公开的激励机制。公平公开原则指激励的目的和方法要明确、直观和公开。直观性和公开性与激励影响的心理效应成正比，只有做到激励机制的公平公开，才能真正保证激励机制的权威性。

③激励机制要具有时效性。这一原则是许多企业培训激励机制在执行时

很容易忽视的一点。事实上，激励越及时，越有利于调动受训者的积极性，也就越容易达成良好的企业培训效果。

④按需激励原则。只有当激励的内容是受训者所需要的时候，激励才能发挥出其应有的效果。比如，对于企业中比较基层员工来说，企业培训的补贴就能起到较好的激励作用，让受训者愿意腾出时间参加培训；但对于企业中的管理人员和一些业务绩效薪酬模式岗位的员工来说，企业培训的补贴往往不能弥补工作时间减少带来的经济损失。因此，小额的培训补贴难以对这部分人员产生积极的影响。

⑤采取有形激励和无形激励相结合、正向激励和反向激励相结合的复合激励模式。有形激励主要指物质激励等经济性激励手段，无形激励主要指地位、权利、成就感、企业认同等非经济性激励手段。正向激励指对企业受训者积极表现的奖励，反向激励指对企业受训者消极表现的惩处。只有建立复合激励机制，人们才能避免企业培训中出现的各类问题，从而达到积极有效的激励效果。

3. 实践：设计先进人才奖励，留住受训效果极佳的人才

在现实中，不少企业将培训当作员工福利——企业出钱出力培养员工的工作能力，为员工职业发展开路，是一种福利；而有些受训的员工又认为，企业培训是正常工作内容外又多出来的工作任务，其实是变相的工作。而且，一些企业曾经用心培养出了人才，但还没来得及充分享受人才带来的红利，培养出来的员工就被竞争对手挖走了。在双方这样严重的认知落差下，企业培训效果自然会大打折扣。

事实上，对于参与企业培训的员工来说，接受培训应是一个被培养和被发掘的过程；而对于组织培训的企业来说，进行培训则是挑选和储备人才的难得机会。因此，良好的企业培训应当是一场企业主导与主控，受训员工与企业双方积极互动，最终实现互利共赢的活动。

想要解决企业和员工认知落差的问题，除了要求企业在认知中明确企业培训的作用、意义，最有效的方法就是在培训效果评估之后增加先进人才奖励的环节，这对于调动受训者的主动性、积极性，促进培训效果的最终达成有着十分重要的作用。

企业培训的常见的奖励形式包括经济奖励和发展奖励。经济奖励包括提高工资、发放奖金、增算绩效、设置补贴等多种形式。在市场经济条件下，经济奖励是操作相对简单但效果却直接明显，也最容易受到受训者欢迎的形式。因此，这种奖励方式往往能最直接地激起受训者的培训积极性和主动性。在企业中，一般相对大型、基础的培训项目更适合采取经济奖励的方式。

但对于企业中职位和薪资待遇相对较高的员工来说，单纯的经济奖励往往难以充分激发其积极性，相比于奖金他们更看重自身的职业发展前景。发展奖励往往就是针对这类员工设计的。发展奖励是指为培训中发掘的优秀人才提供企业中更好的发展机会。这类奖励措施一般更适用于企业中技术型、管理层员工的培训项目，其本身也是为企业发掘、储备人才的良好举措。当然，在企业培训的实际操作中，经济奖励和发展奖励常常是结合在一起共同发挥作用的。

此外，企业培训还应当设置一些惩罚措施，比如对培训效果不达标的员工降级降薪、转岗待岗甚至下岗等，这样便可以让受训者在接受培训时有所约束，并且在合理范围内有一定压力。

四、建立员工素质档案，设计持续培训计划

建立企业员工素质档案，设计持续的企业培训计划，这是企业培训体系中重要的一环。它既是本次企业培训的终结点，也是下一次企业培训的起始点。但在国内的许多企业培训设计和进行过程中，"建立企业员工素质档案，

设计持续的企业培训计划"这一关键环节却往往因为企业培训经费的不足，或企业培训管理者专业能力的欠缺而被省掉；而这种情况的出现，又造成了人员能力难以持续提高的缺憾。

可以说，只有企业建立了企业员工的素质档案，并有意识地根据不断更新的员工素质档案来设计新的企业培训计划，才能让企业培训得到持续、长久、有序地开展。

1. 两方面综合测评员工素质，建立企业员工素质档案

所谓企业员工素质档案是指企业人力资源部门根据本企业各员工综合素质所建立的档案体系，并且该档案体系会随着员工在企业中的发展情况、接受培训的效果情况等及时进行更新。可以说，企业员工素质档案是一个企业最真实、最及时的企业人力资源报告，它随时显示着企业发展过程中人力资源的储备情况，也清晰地提示着企业中人力资源的缺失状况。它是企业培训之初设置企业培训方向和培训内容的依据，是企业培训后期效果评估中不可缺少的一部分，也是企业培训过程的中间环节。

（1）对个人素质和工作素质进行测评

一般来说，企业对员工的素质要求表现在两个方面：个人素质和工作素质。

①个人素质及测评。员工的个人素质又包括个人修养和职业道德两个方面。员工的个人修养主要体现在待人接物、为人处世的日常习惯中，虽然这类素质不直接对员工的工作内容产生影响，却常常影响着员工的长期发展。长期来看，个人修养较好的员工更容易受到客户、企业同事、领导的好评，更容易创造良好的、和谐的合作关系，也因此更容易为企业的长期发展带来益处。

职业道德在员工的个人素质中显得非常重要。职业道德一般是指企业员工在职业活动中应遵循的、体现一定职业特征的、调整一定职业关系的职业行为准则和规范。通常来说，它包括了爱岗敬业、诚实守信、办事负责等基本的职业素养要求。良好的职业修养是任何一个企业员工必须具备的基础素养，对于有不良职业道德的员工，企业应当保持"零容忍"的态度。

②工作素质及测评。企业员工的工作素质也可分为两个方面：通用的工作素质和差异化的工作素质。

通用的工作素质是指员工在工作过程中普遍需要具有的工作素质，如良好的沟通能力，一定的亲和力，较高的抗压能力，较高的审美能力等。而差异化的工作素质指不同岗位的员工为适应具体的岗位工作而需要具备的技能素质。比如，销售人员要具备丰富的销售技巧，管理人员要掌握科学的管理技术，技术人员要能熟练操控相应的技术设备，等等。

因此，在建立企业员工素质档案时，企业人力资源部门应当对员工从个人素质、工作素质两个方面，个人修养、职业道德、通用素质和差异素质四个方向上进行综合性评估、建档。具体的建档模式可以以员工个人为单位（适用于小型企业和大型企业中的重点员工），也可以以企业部门为单位（适用于较大型的企业）。

（2）企业员工素质档案的四大特征

在建立企业员工素质档案时，还要注重兼顾档案内容的综合性、侧重性、目标性、更新性四大特征。

①综合性，是指企业员工的素质档案应当综合涵盖上述两大方面、四个方向的具体内容，不能有所偏差和遗漏。

②侧重性，是指在建立员工素质档案时，应当根据员工职能所需，对不同的素质方面有所侧重。比如，对于职业道德不达标、有重大劣迹的员工应当"一票否决"，而对于所从事岗位所需技术能力较高，但通用工作素质能力有缺陷的员工则可以"网开一面"。

③目标性，是指所有员工素质档案的建立应当与企业的发展目标相配合，突出显示企业发展所需和所缺的员工素质能力，也为通过企业培训弥补员工

素质短板、赋能企业竞争力打下基础。

④更新性，则强调企业所建立的员工素质档案应当是动态的，是随着企业发展、企业培训互动开展、员工素质变化及时进行更新的。只有及时更新的企业员工素质档案才是真实有效的，才能真正为企业发展、企业培训提供帮助。

2.重视企业员工素质档案，设计企业持续培训计划

企业员工素质档案的建立，无论对于员工个人还是对于企业来说，都是有积极意义的。

（1）建立企业员工素质档案的价值意义

从员工的维度来看，企业员工素质档案的建立，让员工的各项努力和进步都能被企业看在眼里，为个人的职业发展提供了便捷的路径；同时，也能让员工清晰地认识到自己的不足，发现自身能力与企业所需之间的差距，为自我职业能力提高指明了方向。

从企业的维度来看，企业员工素质档案的建立，一方面，能起到激励员工的积极作用，在清晰的素质档案的鞭策下，员工的上进心更容易被激发出来；另一方面，能让企业更加系统地掌握企业的人力资源情况，认清自己在人力资源方面的优势与短板，从而为更好地设计企业发展战略和安排企业培训计划提供依据。

在企业培训的从业人员中，有人将企业比作一个正在成长期的孩童，而将企业培训比作企业这个"孩童"要获得个人成长所必须经历的学习过程。虽然这一比喻有失精准，但却形象地展现出企业与企业培训之间的关系：企业想要获得发展，就一定离不开企业培训；而企业想要获得长期的发展，就一定离不开持续的培训；同时，在不同的企业发展阶段，企业需要不同的企业培训课程。

（2）企业员工素质档案分析

为了能够有针对性地、科学地设计企业持续计划，企业需要重视员工素

质档案——根据对员工素质档案所展开的分析结果，总结出企业需要和缺失的素质能力，为企业培训计划指明实施的方向。

有效的企业员工素质档案分析，应当是在企业员工素质档案各项信息、指标的基础上，综合运用各种测量技术对员工素质进行综合系统的评价，在对员工素质拥有深入、全面、客观把握的基础上，发现员工个体现有状况与适应企业发展应有状况之间的差距，进而确定企业需要培训的具体人员及其应该接受的企业培训形式与内容。

企业员工素质档案分析所使用的测量形式和工具，往往根据企业的具体情况和测量内容的不同而有所区别。但是，不论采用何种具体的测量方法，企业在分析员工素质档案时都要力图保证测量结果的真实性，否则不仅不能有效引导持续性的企业培训计划的设计，还有可能导致错误决策的出现。

（3）常见的自我评价的方法：自陈量表

自陈量表是进行企业员工素质分析时的一种有代表性和常用的测量分析工具。自陈量表又称自陈问卷和客观化测验，多以自我报告的形式出现，即企业针对拟测量的个性特征编制若干测题，被试者逐项给出书面答案，企业再依据其答案来衡量和评价某项个性特征的测量方法。自陈量表法最初是心理测试中最常用的一种自我评定问卷方法，近年来被广泛应用于员工素质的分析中。

自陈量表法作为相对主观的员工自我评价，能有效补充和平衡企业员工素质档案中原有的客观素质评估内容，为企业培训的持续计划设计提供更加全面的参考角度，因此成为现代企业在进行企业培训素质档案分析时经常使用的有效测量工具。

CHAPTER 8
第八章

塑造品牌：让企业培训全面提高企业品牌力

系统化的企业培训往往和"优秀""创新"等名词联系在一起，伴随着一个个卓越的企业出现在世人的视线中。比如华为、腾讯、星巴克、摩托罗拉、惠普等。这是因为，企业培训必须根植于企业，而企业只有拥有较高的管理水平，其培训服务才能真正有效顺畅地运转。基于此，企业培训的系统化打造，本身就是对企业实力的一种证明，这既包括企业的盈利能力，也包括企业的管理能力和技术能力。

一、培育独特文化，打造一所有灵魂的企业大学

组织文化对于组织的发展，形同于人的思想或者大脑对于人的成长，对于决策和行动发挥着无形的导向功能。如果把培训中心看成一个独立的组织，就如同组织文化对组织的作用一样，健康的培训文化也是培训中心健康运作的灵魂。

1. 基于企业文化，不断完善健康的培训文化

培训文化是企业在培训活动中逐步形成的关于培训职能的共同价值观、行为准则、基本信念以及与之相应的制度载体的总和。它是企业行为文化的重要组成部分。

培训文化建设对于企业培训中心的发展至关重要。因为培训文化决定了培训中心对学员、课程设计以及企业的态度和行为。

（1）乙方文化

如果把培训中心看成一个独立的组织，那么，企业内部其他部门就相当于客户、甲方。而培训中心就是存在于企业内部的乙方，应该具备乙方心态。当培训中心将自己的身份定位为企业内部的咨询公司、培训公司来服务于企业时，培训中心就会不断要求自己根据甲方（企业内部其他部门）的需求提供最有价值的服务，真正帮助业务部门或企业整体提高业绩、提高团队的凝聚力和战斗力。

（2）业务价值观

组织对于业务的价值观决定组织怎么看待自己提供的业务。如果培训中心在课堂上输送给学员的是积极主动、创新、知行合一的价值观，那么培训中心自己就要率先做到，培训中心的教学研究部门要积极主动、有创新思维，先做到知行合一。

（3）合作共赢文化

合作共赢文化决定培训中心在企业中的定位。不管培训中心是一个事业部，还是独立的企业大学，其存在的意义都是为企业提供价值，并获得企业的支持，实现自身的发展。基于此，培训中心与企业内部之间，并不是付出与索取的关系，而是相互支持、共同发展、携手促进的合作共赢的关系。

以上三个培训文化，使得培训中心不会沦为纯粹的职能部门，可以通过自主学习和创新实践，领先于企业发展速度，成为企业转型和变革的推动者和领导者。

2. 在不同的阶段建立不同的培训文化

培训文化是多层次的，它的建立不是培训中心能够独立完成的。培训文化受到来自企业内部各方面的制约和影响，必然带着特定行业、企业经营管理模式的印记。因此，培训文化的建立及优化是一个循序渐进的过程，我们可以将其分为三个阶段推进。

（1）培训文化的萌芽阶段

在培训文化的萌芽阶段，培训活动有三大基本特征。

首先，对于企业而言，培训工作被视为是浪费时间与金钱的活动，企业更愿意招聘合格的新员工，因而培训的资源投入没有招聘新员工的投入高。

其次，对于培训目标而言，培训管理没有明确的目标和责任，只有少数高层管理者才有接受培训的机会，但无人关心管理者以现有的素质是否能够胜任目前的工作并能够满足企业发展需要。

最后，对于培训活动而言，整个培训工作没有计划性和制度性，培训前无人过问员工对培训的需求，培训后更无人反馈及追踪改进；内容单调，多为知识和技术性内容；形式古板，激发不起参与者的兴趣。

（2）培训文化的发展阶段

在培训文化的发展阶段，培训渐渐变得重要起来，具体表现在以下几个方面。

首先，企业对培训工作渐渐重视起来，培训被视为胜任工作的重要途径，多数人有机会参加在职或脱产培训。

其次，培训成为人力资源与各业务部门的重要职责，有明确的培训管理职责和目标。

再次，培训工作有计划性，并强调培训的系统性；通过整合利用更多的培训资源，内容更加丰富，形式也变得多种多样。

最后，培训中心开始重视培训信息的收集与整理，强调对培训需求的确认；培训后，也会对培训效果进行评估。

（3）培训文化的成熟阶段

在培训文化的成熟阶段，培训活动的价值与形式发生了更大的变化。

首先，从观念上，培训开始与组织目标、组织战略相结合，培训被视为组织发展与个人发展的有效途径，培训战略也得以体现并能够不断调整和优化。

其次，在内容上，培训计划更加强调系统性和成长性，培训资源逐渐社会化；员工在选择培训内容、形式、地点、时间等方面有很高的自由度，以实现对培训需求的满足和对培训效果的跟踪评估。

最后，在价值上，培训中心建立了完备的培训信息系统并能有效运作；企业文化通过培训活动得以更好地发展和传递；培训结果成为组织评估个人发展的重要部分。

我国大多数企业的培训文化正处于从萌芽阶段向发展阶段的过渡时期。而能否从萌芽阶段成功进入发展阶段，从理论上讲有三个重要标志：一是企业是否真正认识到现代培训的价值；二是企业是否真正拥有行之有效的培训计划；三是企业是否真正拥有阶梯化的、与需求匹配的培训课程体系。由于目前我国大多数企业对培训有一定的理解和认识，但还不是特别深刻，所以，许多企业虽然制订了自己的培训计划，但是真正贯彻落实并最终实现培训成果的转化的企业却少之又少。

3. 实现企业文化培训个性化，巩固培训文化

企业文化是公司员工长期积累并得到公司认可的价值观和行为体系，将公司的文化通过培训传授给新进员工，一方面可以使他们快速融入公司，另一方面，可以让公司上下从内心认同、支持企业的培训文化，从而让培训文化得以成长。

优秀的企业文化必须包含两个要素：一是核心理念是否正确、清晰与卓越，二是这种理念是否够宣传贯彻下去，让每个员工认同并且体现在自己的实际工作中。相对于第一个要素，第二个要素更难达到。在不同企业间，企业文化的核心理念没有本质差别，比如"以人为本，追求卓越、诚信、创新"等，区别多体现在工作方法与行为上。这就需要通过构建完整的培训体系来使全体员工了解企业理念是什么，如何将企业理念与自己的实际工作结合起来。

优秀的企业大多都构建了完整的企业文化培训体系。比如，在摩托罗拉公司，员工从进入公司的那一天起，就接受企业文化的熏陶，并且能够自觉自愿地遵从和维护公司的文化。再如，通用公司的前总裁杰克·韦尔奇，不但自己定期亲自在GE培训学院对各级员工进行企业文化培训，而且要求中高层管理者都能够结合自己的工作去设计专门的培训课程，其中，企业文化是非常重要的部分。

人们大都非常羡慕这些优秀的企业，因为它们的企业文化已经成为企业发展的动力源泉。而这些企业的企业文化之所以优秀，并非在于文字内容多么新颖、多么有创意，而是在于他们已经把企业文化与企业战略、业务流程、领导风格、管理方式、规章制度有机结合起来，文化已经融入管理，管理即体现着文化。因此，我们在进行企业文化培训时，不能照搬照抄优秀企业的文化内容，要结合公司的实际，注重研讨和感悟。

具体而言，企业文化培训工作要注意以下三个方面。

（1）突出个性

对于任何企业而言，企业文化都是个性化的。没有哪个企业文化是放之四海而皆准的。而模仿优秀企业而构建的企业文化，一旦落实到具体实际中去，就会变成"形而上学"的模式。因此，企业文化的构建，必须先分析整合不同的价值观念，精心提炼出最适合本企业发展、最有价值的精神。

不仅如此，企业文化培训时，也需要形成个性，要能针对不同层级和职能的人，设计不同的培训内容，来满足不同群体的需求。

从企业的层级来看，高层对企业文化的需求是了解企业文化的本质，了解企业文化与传统文化的关系，了解企业文化与战略和核心竞争力的关系，以及如何实施文化变革等。中层对企业文化需求的侧重点在于企业文化与管理技术的结合，具体而言就是如何根据企业文化来领导下属，如何根据企业文化对下属实施考核，以及如何在团队建设中体现企业文化。基层人员需要理解本企业的企业文化理念，以及企业文化如何运用在日常工作中。而新进人员，则需要认识企业的历史和文化、先进人物事迹、行为规范等。

从企业的职能来看，不同部门对企业文化的需求也不一样。人力资源部需要了解企业文化的原理、本质以及企业文化在招聘、培训、考核、薪酬、激励、奖惩、任免等工作中的应用。财务部需要了解企业文化在投融资、预决算管理、成本控制等方面的应用。生产部需要了解企业文化是如何体现在工艺设计、质量控制、流程改造、操作规范等环节的。市场部、营销部、品牌部等，则需要了解企业文化与市场战略、渠道拓展、促销推广、品牌建设等内容的关系。其他部门的文化培训也应该有不同的侧重点。由此可见，如果没有针对性，实行"大锅烩"式的企业文化培训，效果也将不尽如人意。

（2）强化组织保证

企业文化培训是一项系统工程，需要加强管理，要建立健全的责任机制和激励机制，以形成系统的、全面的组织保障体系。

在企业文化中，管理者是企业利益的代表者，是新观念的开拓者，是下属成长的引导者，也是规则执行的督导者。在企业文化培训中，企业管理者起着决定性作用。管理者的政治素质、精神状态以及对企业文化建设的认知程度直接影响着企业文化培训的作用和力度。

因此，企业文化培训的首要目标是提高企业各级管理者的素质，充分发挥他们在企业文化建设中的带头作用。只有把企业管理者的示范作用、主导作用和战略思考同普通员工参与的基础作用、主体作用和扎实工作有机地结合起来，才能使企业文化真正融入企业中。

同时，还要建立健全的企业文化系统和全面的企业文化管理机制，制订企业文化培训责任制，把企业文化培训纳入各级管理者的责任考核之中，作为对管理者奖惩的重要依据之一，各部门要明确各自的职责范围，逐步形成企业内部全员参与的企业文化格局。

只有企业的各级管理者对企业文化建设真正给予高度的重视，企业文化培训的组织力度才可以得到加强，培训才能扎实有效地向纵深发展。

（3）形成体系

企业文化培训的目标是提高员工综合素质和竞争力，从而提高企业的竞争力，实现企业的可持续发展。这是一个持续的过程。而要使企业文化培训能长期持续地发挥作用，就必须建立符合企业实际需要的企业文化培训体系。

建立一套完整的适应自身企业文化的培训体系，有五个基本步骤：

第一步，对本企业现状进行系统的调查研究，把握住企业文化建设的重点。

第二步，拟出企业文化建设的构想，组织专家论证和员工讨论。

第三步，确定企业文化的基本要素，而后依据岗位不同分解为相应的要点，从而建立完整的、个性化的企业文化培训体系。

第四步，广泛宣传，形成舆论，使企业文化培训体系渗透到每一位员工的头脑里。

第五步，编制规划，分步实施，实现管理的整体优化。

系统化的企业文化培训是培养企业文化、让企业文化有效传播的最佳土壤。一方面，培训课堂是思想交流的场所，学员虽然来自不同部门甚至不同的分支机构，但是，凡是参加过企业培训的人，必然会在潜移默化中形成一种共同的价值观和理念，这正是企业文化的体现。另一方面，企业培训为员工营造课堂学习、学校学习的氛围，这个活动本身就是在向员工传递一种进取创新的组织文化。此外，站在企业战略的高度，是以企业发展为核心构建的个性化企业文化学习课程，可以满足企业文化传播的持续性、体系性和多样性的要求，有效解决企业文化所面临的持续和系统两大难题。这正是培训的价值所在。

二、远离人才断层，为企业持续培养核心预备队

获得人才优势是打造企业核心竞争力的关键环节。在华为总裁任正非的概念里，什么都可以缺，就是人才不能缺；什么都可以少，就是人才不能少；什么都可以不争，就是人才不能不争。

1. 企业出现人才断层现象的原因及影响

大多数的中小企业在完成"原始积累"后，都会经历人才结构上出现"断层"。尤其在快速成长型的企业中，核心团队断层非常普遍。

这是因为，对于这些快速成长的企业来说，其企业核心领导人往往具有前瞻的战略眼光、强大的决断能力，在关键事件上屡获成功。这些特质会导致核心团队其他成员形成依赖心理，从而减弱自己的学习能力、判断能力、决策能力。同时，被依赖的领军人物则会不断提高自己的责任感、学习意识及学习能力、判断意识及判断能力、决策意识及决策能力。久而久之就会陷入一种恶性循环中——领军人物的个人能力在突飞猛进地成长着，其他成员却陷入了停滞甚至后退的"成长陷阱"中。最后的结果则是，领军人物高歌猛进，左膀右臂却故步自封，因为个人能力、经营意识、理念的落差，核心

团队出现了人才断层。

核心团队的分工合作此时就显得至关重要。然而，核心团队的人才断层问题，会使得核心团队的分工合作流于形式，进而引发更大的问题。

（1）影响领军人物的战略决策工作

在企业还处在"原始积累"的状态时，企业外部资源相对比较单一，内部人员数量较少，协调性的工作量不大。这时，领军人物的个人管理幅度比较适合"事无巨细、面面俱到"。因为这样的工作风格能够减少说服不同意见所要支出的时间，使得团队目标快速得到统一。所以，在这个阶段，只要领军人物的个人能力与企业目标匹配，企业内部的工作效率与效果就可以达到满意的结果。

然而，当企业完成了"原始积累"，开始向"做大做强"这个目标迈进的时候，企业的运营环境也随之发生了变化：外部资源不再单一，变得越来越庞杂；内部人员数量迅速增加，内部的协调性工作也变得沉重不堪。这时，企业的领军人物如果还需要"事必躬亲"的话，不仅问题不能得到及时有效的解决，还会使因"分工"而出现的指挥链断掉或短路。这时，企业最需要的就是核心团队的分工合作。

但是，由于核心团队的"人才断层"问题，核心团队的其他人员不能有效地承担各自分管的工作，这就使得团队的领军人物不得不停下脚步来承担一部分其他人的工作，导致自己的战略决策工作减少，进而不得不调整整个团队前进的步伐。

（2）高端人才的引进受阻

一般而言，为了解决核心团队的"人才断层"问题，领军人物往往会请"空降兵"助阵。这虽然是一种衔接断层的方法，但是这种方法一般会受到其他核心成员的强烈抵制。原因很简单：对于核心团队而言，虽然现在工作上存在问题，但他们都承担了创业时的风险，他们为了企业的发展风餐露宿，付出了不少辛劳。如今，企业刚刚取得一点成绩，就要对他们"过河拆桥"。为了避免自己的辛苦付诸东流，他们很容易就会结成"统一战线"，一致对外。在这样的环境下，再优秀的空降人才也难以发挥作用。

不仅如此，通常情况下，空降兵往往被寄予厚望，上任不久就会进行改革。这是企业家所愿意看到的，但却会遭到原核心团队的反对。因为改革将打破现有的局面，也必然会带来利益的重新分配。

因此，空降兵要推行的管理变革会经历从雄心壮志变得步履维艰，同时团队内部怨声载道，而由于员工的消极态度，公司业务也会受到影响。

（3）核心团队的团结受到影响

对于任何一家企业而言，核心团队在形式上都是有分工的。分工，意味着资源的分配，资源的分配也意味着未来利益的获得。这是一条清晰明了的逻辑链条。而对于快速发展的企业，资源是怎样分配的？分配后个人又该有怎样的责、权、利呢？

核心团队"人才断层"的存在，使得这些问题也难以厘清。随着企业的发展，除领军人物外，其他核心成员更愿意在自己的分工领域内"精耕细作"以突显自己的价值。结果，一方面，公司主业上核心团队的"断层"问题更加严重；另一方面，在资源分配原则不清、核心团队激励政策不明的前提下，其他核心成员会为争得更多的企业资源、获得更多的利益而"明争暗斗"。核心团队的团结一心也就不复存在了。

可见，核心团队的"断层"问题对企业的发展来说是非常严重的问题。如果不能得到妥善解决，势必会导致企业发展速度降低，甚至会影响到企业的生死存亡。

2. 持续培养企业的核心人才预备队

要从根本上解决核心团队的"人才断层"问题，一个行之有效的方法就是持续培养企业的核心人才预备队。

"预备队"一词最早出现于军队中，是作战部署中一种作为机动使用的兵力编组。在战斗中，掌握并适时使用预备队对于夺取作战主动权和取得作战胜利都具有重要意义。

在华为等国际化的大企业中，组建人才预备队已经成为一种培育和锻炼人才的基本方式。企业人力资源部门将一部分后备的精英人才加以识别和培养，并且在关键时刻将他们投入重要岗位上去，一方面起到补充岗位缺口、保证企业稳定运营的目的，另一方面则是以"训战结合"的方式促进人才成长，实现企业人才资源的生生不息。

华为重视人才预备队建设，尤其是注重培养后备干部资源。早在1998年华为品管圈活动成果汇报颁奖会上任正非便说："中、高级干部要加强自己的管理技能训练，提高自己的业务素质，赶上时代的需要。经历了十年创业，中、高级干部总的来说是好的，具有高度的责任心与事业心，也勇于自我批判，自我约束。由于历史的原因，把你们推到了领导岗位，并不意味着具备了必需的才干。"

2005年，任正非在《认清形势，加快组织建设和后备干部培养，迎接公司新发展》文件中再次强调："我们正面临历史赋予的巨大的使命，但是我们缺乏大量经过正规训练、经过考验的干部。华为现在的塔山，就是后备干部的培养。"而在华为《EMT纪要》009号文件中，华为高层也明确肯定了任正非的认知。文件肯定地表示："公司目前的瓶颈有两个，一是后备干部，二是管理落地。要加强干部梯队建设。干部梯队多，就说明一把手和干部工作做得好。"

在华为，建设战略预备队是一项涉及各个部门的要务，任何因组织机构调整或编制压缩而富余出来的华为正式合同制员工都有机会成为战略预备队中的一员，被末位淘汰的人员除外。从某种意义上讲，这一要求有效地保证了预备队成员的素养。

持续培养企业的核心预备队，需要做好五个方面的工作。

（1）人才规划

人才规划，即确定人才储备量。进行科学的人才规划，要从两个方面着手：一是预测未来的人才需求，即根据企业的发展趋势，按照未来业务结构的要求，预测并确定企业未来发展的人才需求，以保证企业具备未来发展的相关人才。二是分析现在人才存量，即通过对企业人才竞争力进行调查，明确企业现有人才存量数据与现有人才的知识结构、能力水平等，从而科学预算人才的储备量，并在人才任用之前就完成预期引进和系统化培训。

（2）人才甄选

选择优秀的后备人才，是建立一支数量充足、专业齐全、结构合理的人才预备队的重要基础。只有做好这项基础工作，才能保证人才预备队的数量、质量和活力。例如，华为的预备队准入原则是择优入队，即从优秀的员工中选拔。任正非提出了"每年排在前25%的优秀人员进入战略预备队"。

因此，应本着实事求是的原则，确立好人才预备队的选拔标准，突出企业文化的内涵和"以人为本"的用人理念。

（3）人才培养

对企业而言，人才是一种资源，是能够作为生产要素而投入经济活动中的特殊资源，与物质资源、金融资源、信息资源和时间资源相比，具有更强的能动性。就像机器设备需要计提折旧一样，人才的知识和能力，随着社会的发展和环境的变化，也存在着损耗和淘汰，也需要不断得到补偿、更新和发展。因此，企业需要对人才不断地追加投入，不断地进行培养，从而使人才保持最佳的状态，为企业创造更多的业绩。可以说，对后备人才的科学培养是企业整个人才预备队建设系统中重要的环节。

对后备人才的培养，需要先在充分了解后备人才的个体特性和企业对人才需要之间的差距之后，再因材施教，从而有目的地通过多种培养手段，对其加以正确的引导，使其经过努力逐步缩小这种差距，早日成长为企业需要的栋梁之材。

后备人才的培养要以各目标岗位的任职资格为目标，最终要求能够胜任该岗位，并且可以分析、解决该岗位出现的一些问题。

关键岗位的关键人才及继任者，应当具有对业务工作的全面了解能力和对全局性问题的分析判断能力。而培养这些能力，显然只在某一部门内做自下而上的纵向晋升是远远不够的，还必须使人才在不同部门间横向移动，开阔眼界，扩大知识面，同时与企业内各部门的同事有更广泛的交往接触。

基于此，需要针对岗位制订个性及群体性的发展计划，涉及轮岗、挑战性任务、带教、辅导、行动学习、课程学习等混合培养方式。通过一段时期的密集跟进，确保发展计划有质量、按进度落地，从而就能在岗位出现空缺的时候，给出有效的人才任用建议。

（4）队伍优化

为了使新领导人有能力应对新的挑战，应对人才预备队中的后备人才建立合理的晋升和淘汰机制。

彼得·德鲁克说，企业中没有淘汰就没有压力，更没有动力。华为为了保证战略预备队人员动力十足，坚持淘汰三种人：一是培训期间累计两次考试不合格者；二是培训期间未能竞聘上岗者；三是重新上岗后试用转正考核不合格者。

晋升和淘汰机制的前提条件是需要对后备人才经过培训之后的成果进行全方位的考核。考核的目的不仅可以激发各后备人才在培训学习中的动力，而且可以增强各部门的人才培养意识，促使各部门明确人才培养的重要性和紧迫性。

此外，通过全方位的考核，依照岗位胜任力模型，我们也可以明确后备人才与目标岗位间的差距，从而为后备人员的任用、继续培养、换人、晋升资格和淘汰等提供数据化的支持。

当然，考核也需要建立系统的奖惩机制。对在考核中表现优秀、突出的人员及时给予奖励，同时要将他们好的工作方法在企业里共享，作为企业知识管理的一部分；而对考核成绩不好的人员，需要辅导纠偏，必要时调整岗位，或者将其从人才预备队伍中予以淘汰，为其他的后备人才提供发展机会和上升空间。

（5）人才任用

人才预备队的后备人才经过前期的选拔、培养和考核之后，任用是接下来一个连贯的过程。

"选而不任""备而不用"的现象会造成有的部门对后备人才工作重视不够，个人有时也会产生麻痹心理。长期的"备而不用"不仅造成"备""用"脱节，对人才梯队的建设产生消极的影响，同时也极易使后备人才在心理上感到压抑和失望，进而诱发逆反心理使其行为具有消极倾向，给企业带来更多的负面影响。而经过企业辛辛苦苦培养出来的人才，如果最后转投同行业其他公司的话，那么对于企业来说就意味着双重打击，一方面白费了苦心，另一方面竞争对手多了一个人才。因此，人才任用也是企业人才预备队建设的一部分。

人才预备队的人才任用，建议遵循三大原则：竞聘上岗原则、动态管理原则、人岗匹配原则。

竞聘上岗是IBM等西方名企流行已久的一种岗位聘用方式。在华为，岗位不仅向原岗位人员以及部门内部开放，人才预备队人员也有竞聘资格，任何预备队成员只要达到考核要求，在考核中胜出，就可以优先安排上岗。

动态管理已经成为当下企业管理的常态，对于人才预备队的管理和使用也应该奉行动态化管理原则，发现适合预备队成员的岗位积极推进上岗，发现岗位考核不过关但又符合人才预备队管理条件的人员，也要适时引入队伍当中。

关于人才预备队中任职者的选拔，华为提倡以应聘者的任职能力与岗位任职要求匹配效果最佳为原则，绝不盲目选人。

　　总之，不论是人才预备队的管理，还是优秀人才的发掘与任用，都要做到与企业发展相匹配，相得益彰。人才预备队不是面子工程，不是做给谁看的。让人才预备队储备的优秀人才在关键的时候真正体现出应有的价值，这是关键。

三、提供快速培训，帮助企业提高快速反应力

　　在今天的商业环境下，几乎每个企业都比以前学习得更快，实践得更快，创新得更快，"快"是诸多优秀企业共同的成功因子。如果"企业大学"和"学习与发展部门"还不能以超快的速度做出反应，那么这家企业必然会落在其他企业快速成长的脚步之后。

　　企业大学或学习与发展部门是否能够以最快的速度为企业提供有价值的培训服务，其关键在于两个方面——培训组织的表现和资源整合的表现。培训组织的表现是指企业需要员工培训时能够快速地组织安排，是从流程运作的角度做出快速反应；资源整合是指企业能够快速调配多方面资源，是从培训资源供给的角度作出快速反应。

1. 优化培训流程，提高培训反应速度

　　在企业的所有规则中，流程始终是重要的一环。一个简洁高效的工作流程能够大大提高员工的工作效率，培训组织是否能够快速对接培训需求，也是与培训流程结构与细节息息相关的。

　　在优化培训流程结构的过程中，可以利用ECRS法则。ECRS分析法，即取消（Eliminate）、合并（Combine）、重新排序（Rearrange）、简化（Simplify）培训流程。其是在5W1H分析法的基础上，针对流程加以改善，寻找新的工作方法，以提高工作效率。

（1）取消

取消即"完成了什么？是否必要？"在企业培训活动中，各个环节是否都有存在的必要？这个环节的存在价值是什么？

如果这个环节的存在价值不大，那么这个环节就是可以取消的。只有删除那些冗余的流程和环节，才能将有限的资源投入其他更重要的流程中去，在总体上缩短流程周期。

（2）合并

如果某个培训流程环节价值不大但又是不能取消的，则考虑能否将其与其他环节合并。比如，将上下环节与相似环节加以合并。"合并"的作用不仅在于化零为整，更在于能叠加优势，消除劣势。

比如，将培训需求调研工作切分为多个环节，然后分别交给多位执行者。表面上看可以大大加快培训准备速度。但是，如果执行者之间协调对接不到位，就很容易出现错误。因此，为了避免出现这种失误，则可以考虑将多环节的任务交给一位执行者全权负责。

（3）重新排序

重新排序即对培训流程结构的呈现顺序进行重新排列，寻找一种启动最快速、培训周期运作最短的流程结构。比如说，在培训准备阶段可以这样思考：各方面准备的时间如何安排？如果打乱原有安排，是否能够更快速地完成培训准备工作？

（4）简化培训流程

简化培训流程就是对培训工作的内容、步骤乃至动作进行简化。要想提高培训活动的快速反应力，那么必须先确保培训流程和细节足够精简。

对于一些复杂的环节，可以借助一些现代手法来予以简化。比如，对于一些数据调研，可以尝试使用信息化工程来代替部分人工数据采集工作。这样，既可以降低人为差错率，又可以避免重复录入数据造成的时间浪费，甚至可简化数据分析工作。

越是大型的企业，其培训组织工作越复杂，工作量越大，越值得考虑对培训流程的优化——任何看似微小的优化动作，都将大大提高培训反应速度。

2. 检验培训理论价值，自主增强培训效果

企业大学、培训发展部门等培训者角色担当者，对于其为其他业务部门设计的培训发展项目中的方法和理念，必须先行学习、理解并且落实到实践中，以此验证其思想方法的有效性和不足之处。例如，一些企业大学很早以前就开始应用战略解码、目标制订、项目制、月度考核及绩效反馈、工作例会、工作简报等管理工具和方法；而当其拥有丰富而有力的实践经验及管理思想后，再向受训者推荐或开展培训时，就更有说服力。

在优化企业培训理论的过程中，可以从三个方面进行把握，自主增强培训效果。

（1）定期记录培训理论践行效果

对于试行阶段的培训理论，要对其践行过程和践行效果进行严格、客观的记录。在记录时，宜预先设计关键指标，按过程环节记录各指标的落实情况，以便于确认预期效果与实际效果的契合度。

（2）开放心态，积极接受实践反馈

每一个乐于给出实践反馈的人，基本都是认真参与了培训过程，认真聆听了培训内容，并寄希望于该培训能够得到优化的人——这些人的反馈是非常值得重视的。因此，对于受训者或相关方给出的理论实践反馈，应以开放、积极、乐观的态度予以接纳。

（3）优化理论，确保培训的实践价值

针对实践反馈中给出的意见或建议，企业应该对培训理论、内容等进行优化，并在培训过程及细节设计等方面做出恰当的调整或革新，以切实保障培训理论的实践价值契合受训者、客户或其他相关方的需求。

3. 随时关注行业动态趋势，调整培训方案

在当今这个信息时代，企业发展的外部大环境发生着日新月异的变化，再也没有一劳永逸的人才培训。优胜劣汰、适者生存是永恒的法则。也就是说，企业需要时刻关注外部环境变化和行业领域发展趋势，确保培训方案、培训内容能够适应环境变化，解决新问题，契合时代需求，避免出现培训"过时"的问题。

对此，企业培训管理者（负责人）应选择多种关注方式，借助多种信息渠道，来捕捉培训动态趋势。比如，通过每日关注行业信息，抓取新的培训关键词、术语，进而对旧培训方案内容进行更新。此外，亦可通过行业交流、培训师大会等活动，在与同行业者的分享过程中获得新的信息，以随时优化本企业的培训方案；甚至通过获取新动态趋势，来设计新的培训主题。

值得注意的是，发现"趋势"要比发现"变化"更重要。如果行业变化已经实实在在地发生了，此时再去开发或改进培训课程，则稍显晚矣。但是，如果能够通过某些风吹草动，遇见某种趋势，预先开发和调整课程，则会大大领先于同行业者。

4. 对外开放，对多方面资源进行协调整合

企业大学或学习与发展部门还有一个重要的能力或者使命，就是为企业寻找适合学习的外部资源。在"互联网+"的背景下企业快速发展，可能有些实践还没有形成理论，但已在商业领域悄然兴起。企业大学需要为企业寻找和联络一些优秀的企业实践标杆或隐形冠军，带领企业向它们学习。

事实上，整个业务链上的利益相关者（领导、员工、顾客、合作伙伴、供应商以及社区等），都可以通过资源整合而成为一个大型学习型组织中不可忽视的重要角色。所有业务合作伙伴、上下游企业、社区团体等，都可以通过与企业分享知识、参与企业的培训学习项目而大获收益，并有所贡献。

5. 针对企业发展阶段，预先规划培训方案

基于组织发展目标的培训，预先规划培训方案的价值点在于让企业不断适应外部环境的变化，可持续地健康发展，让个人、团队、组织的潜能得到最大限度的释放。

在企业发展的不同阶段，如初创期、成长期、成熟期、衰退期、二次创业期等，均会面临不同的战略和业务挑战。真正基于组织发展目标的培训，要能根据实际情况，提前预判企业组织内部哪些能力需要改变，哪些能力需要维持，哪些能力需要提前打造；然后，通过一系列有假设、有目的、有预期的大大小小的系统性变革举措，让企业组织敏捷地、健康地经过每个发展阶段，通过快速有效的培训而越来越强大。

四、拓宽品牌覆盖范围，助力友企的人才培养

企业在人才培养方面的开放原则是非常重要的。人才培养不应仅仅是面向内部的，还应该是内外融合的。以企业大学为例，从内部视角看，它应该是新员工了解企业、各类业务相互交流、企业文化宣传等的平台和途径；从外部视角看，企业大学又应成为开展行业交流、客户培训等的平台，面向企业外部呈现企业的先进思想理念、技术标准，并且将外部优秀商业实践和工具发放引入企业内部，引发企业内部人员的思考和学习。

在实践方面，企业可以从以下几个方面来打造这种内外融合的人才培养状态与氛围。

1. 为上游企业（友企）提供技术培训与指导

时至今日，一个优秀企业的品牌力与核心竞争力并不仅仅体现在其面向内部的控制能力上，它对于上下游企业（友企）的整合能力要求也越来越突出。基于持续发展与品牌战略要求，企业培训的范围便不再局限于企业内部

员工，还需要考虑如何帮助企业价值链上的伙伴进行人才培养。

提高上游企业（供应商）的交付品质，这通常是企业为上游企业提供技术培训与指导的直接目标。以生产型企业为例，欲使上游企业的交货品质提高，那么企业就必须在供应技术培训与指导上下功夫。

这种助力友企的人才培养的举措，将提高友企的工作效率或者技术水平，使企业和其伙伴获得双赢，双方的绩效水平都同步得以提高，打造更强劲的人才创造力、企业竞争力乃至企业品牌力。在这样的互助式培训过程中，亦可增进双方文化与相关业务的了解和沟通，提高彼此在业务方面的配合默契度和合作效率，更有利于形成更加稳定的战略联盟。

2. 订制人才，提高企业在人才中的影响力

事实上，高等教育也好，职业教育也罢，目前我国的人才培养与市场需求似乎是割裂的。一边是毕业生找工作难，另一边是企业用工荒。要想破解这一人才与用人困局，不妨采取卓有成效的校企合作，而"现代学徒制"作为当前国际公认的职业院校教育教学的主导模式之一，成为解决这一难题的有效途径。

2011年，天津现代职业技术学院与海鸥表业集团在原有联合培养高级技术工人的基础上，开启了"现代学徒制"的人才培养模式。学院和海鸥公司在共同调研与梳理国内外制表与维修所要求的知识、技能与职业素质的基础上，融合职业资格标准以及公司员工培训与等级认定有关内容，形成《一体化人才培养方案》。在海鸥集团，学生有专门的手表装配维修实训基地和自动车加工实训基地；在学校，海鸥有一名副总工程师和三名高级技师常驻，与学校专业教师共同教学。

从目前的效果来看，现代学徒制在解决企业招工难、用工不稳定的问题以及实现劳动者自我价值等方面确实大有可为。企业亦可以此为借鉴，加强校企合作，推进现代学徒制，定向培养符合市场需求的应届毕业生，打破人

才缺口"瓶颈"，增加市场有效供给，实现精准培养与就业。在实践中，企业不妨采取构建创新的育人策略。

一是充分发挥产业联盟或行业协会的作用，联合众多中小企业的力量，与职业院校开展合作。

二是深层次、全方位参与到人才培养的过程中。企业对育人过程的参与不可仅仅停留在口头上，而要改变自己的观念，对人才培养计划与方案进行深入研讨，亲自参与具体的教学实践环节，按照企业的真实需求去培养人才，为产业紧缺人才培养提供更为专业的指导与培训。

3. 打造对外开放和内外融合的企业培训文化

从前文来看，企业人才培养既可以面向内部，还可以面向外部；可以面向上游，也可以面向下游。我们可以理解为：人才培训是为供应商、客户和战略伙伴提供培训和咨询，兼顾企业价值链上的所有客户和供应商，进一步巩固与各方的合作关系，增强忠诚度、黏度，助力企业形成更强的品牌力，在更深层次上进行营销，占领市场。

惠普商学院将企业大学的对外培训的功能发挥到了极致，所有的培训都面向外部客户开放。惠普商学院这样陈述自己的宗旨："通过分享惠普公司多年的成功管理经验，帮助惠普公司在华的重要客户及合作伙伴建立企业的管理优势，提高人才竞争力，使其更快地成长以适应中国加入WTO的需要。"这样来看，惠普商学院在功能上与专业培训机构相似，而其师资构成却是每一个企业大学极为推崇的——它聘用了企业的高层管理者及一线经理人作为企业大学的绝大部分讲师。事实上，包括总裁孙振耀、几位副总及大批高层经理在内，都是惠普商学院的授权讲师。

随着企业规模的扩大，企业所面临的环境发生巨大的变化，越来越多的企业意识到有效维护客户关系和供应商关系是一件至关重要的事情，这也对企业的人才培养模式提出了新的要求。一个最典型的表现是：部分企业与大学开始采用内外结合的经营模式，它是综合对内经营和对外经营模式，既注重企业的员工培训，又兼顾客户关系管理和供应链关系管理，培训对象包括了企业内部人员和外部人员。

摩托罗拉大学属于典型的内外结合模式，其人力资源总监这样阐述摩托罗拉大学的"无缝服务"理念："摩托罗拉大学不但服务于我们自己的企业，还要服务于社会的企业。一个重要的理念是，摩托罗拉大学不但是对我们企业本身，对价值链上游的供应商以及对下游的客户，都提供了无缝服务，所以摩托罗拉大学的策略也是无缝服务。只有企业大学才能真正使企业从跨国领域进入无缝衔接……"

从某种程度上讲，摩托罗拉大学代表了各类企业大学当前的一种发展趋势。当客观条件成熟且公司经营战略需要时，企业大学应不断调整其教学内容及服务对象，比如对价值链上的所有成员开放，以实现创造更多的价值。

4. 让企业的人才培养文化成为企业的品牌

当一个企业的人才培养不仅限于企业自己，而开始面向上下游，甚至更广泛的人群时，其所产生的社会价值，将为企业打造出意想不到的品牌力。

知名婴童企业"孩子王"的培训体系，其核心理念是"培训的价值应该是帮助企业业务的增长"。企业围绕战略目标与价值建设，助力员工的快速成长。2017年，孩子王基于自身规模扩张后的培训需要，将培训学院升级成为孩子王育儿大学，创办国内首个母婴大学，一时成为业内美谈。育儿大学的职能是为企业发展提供各项保障与支撑，助力公司实现经营目标和战略发展，培养行业内一流专业人才，构建学习型组织。

从根本上来说，该企业建立母婴大学的目的便是在更高层次上培养并提高从业人员的专业能力、业务能力、管理能力与综合素质，并将学到的知识在工作中不断更新，加深理解并运用于实践，以此确保人才队伍有能力推进企业面向未来的发展。孩子王育儿大学出现后，该企业自然而然地被人们贴上了母婴大学第一品牌的标签。

时至今日，企业在人才培训方面，必须超越原始的内部人才培养功能，要通过这一举措来进一步巩固与价值链关联方的合作关系，增进客户忠诚度，在更大范围内影响企业的未来消费者，传递的企业文化也能帮助人们了解企业，认同企业文化，甚至让培训本身成为企业的独特品牌。

参考资料

[1]任康磊，著.培训管理实操：从入门到精通[M].北京：人民邮电出版社，2019.

[2]周平，范歆蓉，著.培训课程开发与设计：让课程与需求的契合度达98%[M].北京：北京联合出版公司，2015.

[3]斯托洛维奇，古普斯，著.交互式培训：让学习过程变得积极愉悦的成人培训新方法[M].派力，译.北京：企业管理出版社，2012.

[4]罗伊·波洛克；等，著.将培训转化为商业结果：学习发展项目的6Ds法则（第3版）[M].学习项目与版权课程研究院，译.北京：电子工业出版社，2017.

[5]苏平.培训师成长实战手册：培训需求诊断和调研[M].北京：人民邮电出版社，2015.

[6]课思课程中心.培训管理业务流程与制度[M].北京：人民邮电出版社，2018.

[7]何欣.重新定义培训：让培训体系与人才战略共舞[M].北京：中国法制出版社，2018.

[8]简·巴贝切特.培训需求评估：方法、工具和技巧（修订本）[M].刘子熙，译.北京：电子工业出版社，2019.

[9]郑芳.资深HR手把手教你做员工培训管理[M].天津：天津科学技术出版社，2017.

[10]孙宗虎，姚小风，员工培训管理实务手册（第3版）[M].北京：人民

邮电出版社，2017.

[11]段烨.培训师21项技能修炼（上）[M].北京：北京联合出版公司，2014.

[12]甘斌.员工培训与塑造（上）[M].北京：电子工业出版社，2008.